Couvertures supérieure et inférieure
en couleur

HISTOIRE

DE

L'ÉGLISE ET DE LA PROVINCE

DE POITIERS.

POITIERS. — IMP. DE A. DUPRÉ.

HISTOIRE

DE

L'ÉGLISE ET DE LA PROVINCE

DE POITIERS

PAR

M. L'ABBÉ AUBER

Chanoine de l'Église de Poitiers, historiographe du diocèse,
Président de la Société des antiquaires de l'Ouest.

ORIGINES.

Et si quidem bene, et ut historiæ competit, hoc et
ipse velim; si autem minus digne, concedendum
est mihi. (II. Machab. xv, 39)

POITIERS

IMPRIMERIE DE A. DUPRÉ

RUE DE LA MAIRIE, 10

1866

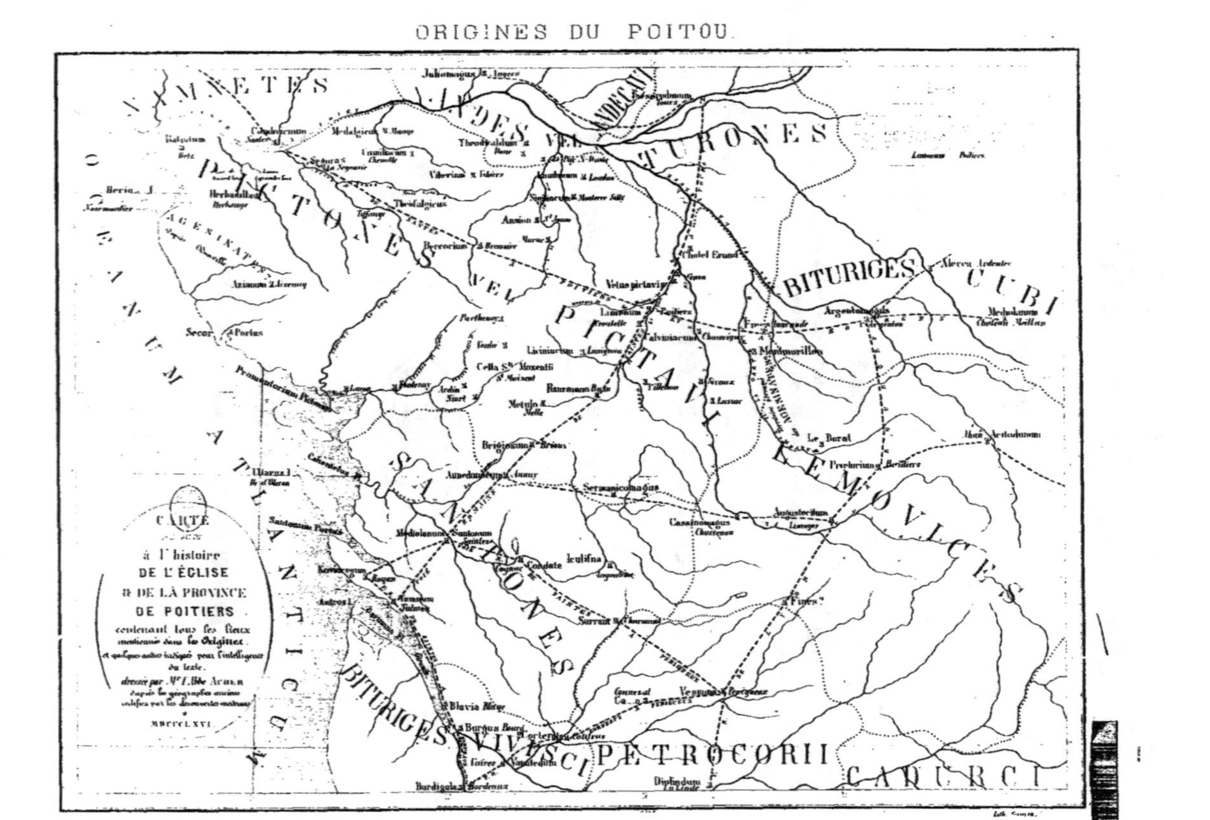
CARTE
à l'histoire
DE L'ÉGLISE
& DE LA PROVINCE
DE POITIERS
contenant tous les lieux
mentionnés dans les Origines
et quelque autre indiqué pour l'intelligence
du texte.
dressée par Mr l'Abbé Auber
d'après la géographie ancienne
éclairée par les découvertes modernes
MDCCCLXVI
OCEANUM ATLANTICUM
NAMNETES
ANDES VEL TURONES
PICTONES VEL PICTAVI
BITURIGES CUBI
LEMOVICES
SANTONES
BITURIGES VIVISCI
PETROCORII
CARURCI
Lith. Conrin.

HISTOIRE

DE

L'ÉGLISE ET DE LA PROVINCE

DE POITIERS.

—

ORIGINES.

> Et si quidem bene, et ut historiæ competit, hoc et ipse velim; si autem minus digne, concedendum est mihi. (II. Machab. xv, 39.)

Il n'est pas de peuple dont l'histoire se puisse écrire aujourd'hui sans beaucoup d'études et de labeurs. Les nombreuses contradictions des anciennes chroniques, les obscurités qu'on n'y a pu éclaircir, les erreurs qui s'y sont apatriées, les explications même données à des faits douteux ou impossibles, sont autant d'objets à examiner de nouveau, et qui entravent à chaque pas la marche de quiconque s'avance dans ce champ si mal défriché. Et combien de telles difficultés se grossissent encore quand les dissertateurs modernes apportent à la suite de ces incertitudes des opinions préconçues et des systèmes arrêtés ! Celui qui s'est jeté dans ce labyrinthe pour en comprendre les détours n'a réussi, le plus souvent, qu'à les embarrasser lui-même, et, s'il veut néanmoins ressaisir la vérité qui lui échappe, il doit reprendre ses investigations sans trop se préoccuper

1

des redites antérieures, passer rapidement devant les documents que ne protégent aucunes preuves, et ne s'arrêter qu'aux faits et aux traditions qu'appuie une étude sérieuse des choses, des personnes et des lieux.

C'est à l'abri de cette méthode que nous espérons, en abordant l'histoire de notre province, détourner de nous les assertions hasardées, réfuter, au besoin, les faussetés historiques, et découvrir le vrai côté de certaines questions controversées, ne fût-ce qu'en prouvant, à défaut d'autres moyens, qu'elles doivent rester à l'état de doute, en dépit des prédilections dont trop souvent elles furent l'objet.

L'un des premiers soins que se donne ordinairement un historien, c'est de remonter à l'origine du peuple dont il veut raconter les fastes, pour tracer les limites géographiques de son action dans la grande famille des hommes. Les usages particuliers, les mœurs publiques, les lois, la religion sont pour l'écrivain autant de matières à traiter et toujours de difficultés à résoudre. Dans l'objet qui nous occupe, nous rencontrons ces difficultés aussi épaisses qu'ailleurs, et nous devons nous résigner à éviter de longues discussions, dont il nous semble qu'on a trop abusé avant nous pour se faire des conclusions purement négatives qui nous laissent dans la même anxiété que devant. A quoi servent au lecteur avide des enseignements de l'histoire une suite de conjectures sur les temps anté-historiques, et les interminables probabilités fondées le plus souvent sur des idées personnelles et sur les plus contestables apparences? Mieux vaut, sans contredit, aller droit au but qu'on se propose d'instruire et d'attacher, en élaguant les doctes inutilités, les préambules oiseux et les vagues données qui n'éviteront aux âges suivants ni des persuasions erronées, ni le besoin de recourir à des preuves que nous n'aurions pas su leur donner. Sans attaquer les recherches faites de bonne foi, sans condamner ceux qui s'y livrèrent dans un sincère désir d'éclairer, ni accuser la simple naïveté de leurs croyances scientifiques, on peut reconnaître qu'ils ont sombré contre des écueils qui, pour être mieux connus aujourd'hui et définitivement signalés, n'en restent ni plus ni moins immobiles sur l'insondable océan des choses humaines, et redoutables aux mêmes titres pour qui s'obstinerait à les côtoyer de trop près. Nous entrerons donc dans notre sujet sans élaborer davantage les points péniblement maniés dans nos chroniques locales, laissant pour incertain ce qui paraît l'être encore; affirmant avec la netteté de l'histoire ce qui ne peut être douteux, et discutant aussi brièvement que possible ce que d'autres nous avaient transmis sans assez de preuves ou de sagacité.

Cependant une juste curiosité se rattache, dans les études historiques, au temps primitif et à la position géographique des peuples qui y sont l'objet de notre attention. D'où viennent-ils, quelles migrations les ont implantés sur le sol où nous les voyons encore, où nous-mêmes faisons partie de leur grand tout si souvent modifié à travers les siècles? Quels peuples voisins furent leurs alliés ou leurs antagonistes sur le théâtre plus ou moins connu de leur activité politique ou religieuse? Autant de questions que provoque un légitime intérêt, et qu'il faut toujours exposer et résoudre, s'il est possible, avant d'entrer dans le domaine de l'action et d'ouvrir la scène où doivent se passer d'innombrables événements. Cherchons donc à établir, avant tout, ces préliminaires importants : ce sera indiquer à notre lecteur son point de départ, et l'orienter pour l'avenir sur le vaste champ qu'il parcourra avec nous.

Quelle qu'ait été la domination première et inconnue de la Gaule, d'où que soient venues les peuplades vagabondes ou conquérantes qui l'envahirent à des époques indéterminées, personne n'ignore au moins que nous habitons le territoire occupé par les Pictons lorsque César s'empara, par ses lieutenants, cinquante-sept ans avant l'ère chrétienne, de la majeure partie de l'Aquitaine, c'est-à-dire de cette grande région de la Gaule confinée alors entre les Pyrénées au Midi, le golfe de Gascogne à l'Ouest, et la Garonne au Nord et à l'Est (1). Nos ancêtres, qui semblent avoir donné à leurs neveux l'exemple d'une constante résistance aux étrangers attirés chez eux par des guerres d'invasion, furent des derniers à reconnaître l'autorité du capitaine romain. Mais il fallut céder comme tant d'autres ; et lorsque Bourges, Alise, Gergovie, pillées, incendiées, eurent vu tomber avec leurs remparts les dernières espérances de leurs vaillantes populations ; lorsqu'un dernier siége fut encore nécessaire pour compléter la conquête du pays, ce fut Poitiers, nommé alors *Lemonum*, qui osa le soutenir. Le chef qui y commandait, Duratius, dès longtemps dévoué à César, s'y était renfermé pour y maintenir l'autorité étrangère. Ce chef est dépeint par Hirtius, auteur du VIIIe livre des *Commentaires*, comme un traître à sa patrie, qu'un vil intérêt avait rangé du parti anti-national. Il correspondait avec le lieutenant Caninius et l'instruisait secrètement des dispositions de ses compatriotes résolus à une légitime défense. Plus de la moitié du pays lui était décidément opposée, et, quand il s'empara de *Lemonum* pour le livrer à l'ennemi, les habitants de la cité résistèrent en plus grand nombre à ses projets, et firent savoir leur dé-

____

(1) *De Bell. Gall.*, lib. III. — Walckenaër, *Géographie ancienne des Gaules*, qui est très-net et très-explicite, I, 365 et suiv.

Médaille de Duratius.
Chef Gaulois des Pictons.

C·L·VARENILLAE · C·L·VAREN· COS·FIAE
CIVITAS PICTONM·IVNVS·LOCVM·STTVAM·
MONMENT·PVBLCM·CENSORPNIVZLEGAVGPRPRRC
VNCAQVTAN·COS·DESIGMTVS·HONORE CONTNVS·SVICPND·ORNT

Épitaphe de Claudia Varenilla.

IE REQVIESCIT NECTARIVS SANCTES

Épitaphe de St. Hectaire ou Victorin
Évêque de Poitiers. martyrisé en 304.

Inscription chrétienne dans l'Eglise de Sivanac (Vienne) réduite au 1/6.

tresse aux peuples de l'Anjou, qui ne tardèrent pas à accourir sous la conduite de Dumnacus. Ce chef était secondé de plusieurs autres petits peuples voisins. Mais Duratius put prévenir les lieutenants de César, qui arrivèrent sous les murailles de la ville, et ne la délivrèrent bientôt que pour s'en emparer sans retour (1). Duratius, qui figure dans cette page la plus antique de nos annales, a vu son nom consacré de plus par la numismatique. Une médaille d'argent, probablement frappée à Poitiers, le représente, à l'obvers, par une tête d'homme assez jeune; le revers porte un cheval lancé au galop, comme symbole de la nation guerrière (2).

Une fois maître de tout le pays, César en fit une nouvelle division, et recula les limites de l'Aquitaine jusqu'à la Loire, soit que le conquérant littérateur se fût aperçu déjà de certaines analogies de langage qui plus tard furent constatées entre les peuples plus méridionaux et ceux des bords de la Vienne, soit que des plans d'administration lui eussent inspiré cette mesure comme devant fonder une plus complète unité pour un territoire aussi considérable. Auguste ajouta, peu après, à l'Aquitaine le territoire du Berry et du Bourbonnais (3); mais cette annexion ne dura que jusqu'à Dioclétien (284-305), vers la fin du iiie siècle, où Bourges fut enclavée dans la première Lyonnaise. Enfin, sous Valentinien II, se fit un nouveau remaniement. On créa trois provinces de l'Aquitaine. Bourges devint métropole de la première, et fut séparée ainsi de la première Lyonnaise; la deuxième eut pour métropole Bordeaux; la troi-

____

(1) César, *Comm. de Bell. Gall.*, lib. viij, c. 26 et suiv. — Amédée Thierry, *Hist. des Gaulois*, iii, 218.

(2) *V.* pl. ii, n° 1.

(3) *V.* Bouillet, *Dict. d'Histoire et de Géographie*, 1857, v° *Aquitaine*.

sième, Saint-Bertrand-de-Comminges, capitale de la Novem-
populanie, laquelle, détruite en 585, laissa passer son titre
à Auch, qui conserve encore de nos jours son rang de ville
métropolitaine.

Poitiers, nommée d'abord *Lemon* par les Gaulois, et que
leurs relations avec les Romains ornèrent bientôt d'une
terminaison latine (*Lemonum*), changea bientôt ce nom lui-
même pour un autre plus conforme au génie de l'idiome imposé aux vaincus. Des *Pictones* il fut aisé de faire un *Pictavium* : d'où *Pictavenses* et le *Poictiers* de nos pères, et enfin
le Poitiers plus adouci que nous avons depuis deux cents
ans, selon les délicatesses que se firent alors les règles de la
langue française. Chercher la cause du nom primitif et de sa
traduction consacrée, ce serait se perdre, comme on l'a fait
trop souvent, en d'inextricables aberrations. Nous savons
certainement, par les écrivains du ive siècle, que le *Lemonum*,
qu'on trouvait encore au iiie, avait alors entièrement disparu (1). On ne trouve plus que *civitas Pictonum*, *Pictavi*, *Picta-
vum*, qui s'euphonisent peu à peu en *Pictavium*, *Pictaviensis*.
C'est ainsi que Socrate, qui écrivait peu de temps après notre
saint Hilaire, nomme cette ville, en parlant de son grand
évêque : *Pictavorum civitas* (2). Ammien Marcellin, qui est
absolument de la même époque, ne lui connaît pas d'autre
nom.

La cité des Poitevins fut donc rangée par Valentinien dans la
seconde Aquitaine. Dès longtemps importante, puisque nous
lui voyons, avant l'invasion romaine, une sorte de roi qui
fait alliance avec César, elle forma d'abord un gouvernement
à part, comme toutes les autres portions du territoire gaulois,

(1) *V.* Walckenaër, *Géographie ancienne de la Gaule*, i, 364. — *Mém. de l'Aca-
démie des Inscript.*, xix, 701.
(2) D. Bouquet, *Scriptores rerum gallicarum*, tom. i, p. 603.

où commandaient des chefs militaires indépendants les uns des autres. On comprend aussi que l'étendue de la province était dès lors considérable, et ne différait guère de ce que nous l'avons vue depuis ; car l'emprunt, que fit César aux Poitevins et aux Saintongeois, de vaisseaux armés pour la guerre contre les Armoricains de Vannes, prouve clairement que nos extrêmes limites du Couchant côtoyaient la mer Atlantique (1). Une autre preuve de cette importance résulte du grand nombre de voies qui rayonnaient autour de Poitiers vers les cités voisines, capitales, comme elle, de peuples non moins renommés dans l'histoire de la Gaule. C'est à quoi n'avaient pas fait assez d'attention (selon la juste observation de D'Anville), Adrien de Valois et Joseph Scaliger, quand ils se crurent autorisés à contester au profit de Limoges la position géographique de la cité des Pictons (2).

Ici se présente une question aussi difficile à élucider que tant d'autres si souvent traitées, comme serait l'étymologie de *Lemonum*, celle des *Pictavi*, ou le véritable emplacement d'un petit peuple d'*Agesinates*, dont la position, longtemps ignorée, semble avoir été quelque temps précisée vers Aizenay, dans le bas Poitou, entre l'Océan et la Sèvre-Nantaise (3). Nous voulons parler du *Vieux-Poitiers*, bien connu jusqu'à nos jours des antiquaires aussi bien que des bourgades qui l'environnent. Ce nom désigne-t-il, comme on se sent porté tout d'abord à le penser, une ville antérieure à celle que nous habitons, fort ancienne par conséquent, et dont la ruine ait forcé les citoyens à transporter dans la vallée du Clain et de la Boivre leurs foyers détruits par les malheurs de la guerre ?

(1) *De Bell. Gall.*, lib. iii, c. ii.

(2) D'Anville, *Notice de la Gaule*, p. 416 et 519, in-4°, 1760.

(3) *V.* notre carte, pl. xxv, et une note de La Fontenelle, ajoutée au premier chapitre de l'*Hist. du Poitou*, de Thibaudeau, 2e édition, p. 420 ; il partage ce sentiment avec D'Anville. Nous y reviendrons bientôt.

A en croire une tradition citée par Bouchet (1), mais qu'il donne comme uniquement populaire, et dont il n'a « veu aulcun tesmoignage par escript, » ce serait l'an 46 de Jésus-Christ que l'empereur Claude, aidé par les Poitevins à châtier la Grande-Bretagne un moment révoltée, eût permis à ces braves auxiliaires de rebâtir leur cité renversée. Un tel fait ressemble par trop à une de ces explications qu'on invente pour en donner une au besoin, mais qui ne soutiennent pas une sérieuse critique. La ville assiégée par Dumnacus eût donc été vers le confluent du Clain et de la Vienne, dans une plaine qu'aucune enceinte naturelle n'avait jamais protégée, ouverte de toutes parts aux attaques guerrières, et en dehors, par cela même, de toutes les conditions recherchées et qui durent séduire, au premier aspect, ceux qui se fixèrent au pied de nos collines orientales? En réalité Poitiers prit son berceau là où il est encore, bien avant l'invasion romaine. Le Vieux-Poitiers, dont les traces architectoniques et les fouilles souvent réitérées indiquent certainement un établissement militaire avec ses retranchements et ses fortifications, fut un de ces *castra stativa*, une de ces *mansions* stratégiques multipliées par les vainqueurs de la Gaule et de la Germanie pour tenir en respect des populations remuantes dont il fallait s'assurer la soumission (2). On sait que ces campements fixes ressemblaient beaucoup à des cités; qu'ils contenaient de fortes garnisons; que celles-ci, en s'y maintenant, s'y donnaient peu à peu toutes les aises de la vie civile, et que l'intention d'y séjourner longtemps, surtout dans un pays à conquérir ou à garder, y faisaient élever des remparts

---

(1) *Annales d'Aquitaine*, ch. IV, p. 14, in-f°, 1644.

(2) Végèce confirme cette opinion : « Stativa autem castra, æstate vel hieme, *hoste vicino*, majore labore ac cura firmantur. » (*Institut. milit.*, lib. III, c. 8.)

non plus seulement de fossés et de palissades, mais de murs épais, capables de soutenir un assaut, appuyés par des tours, défendus par une forteresse, et dont l'enceinte protégeait, en cas de revers, la retraite de l'armée qui y retrouvait des vivres, ses bagages et des chevaux. De véritables édifices en pierres y remplaçaient la tente pour le général et les principaux officiers. Ces stations avaient leurs temples, leurs théâtres, leurs colonnes milliaires, leurs monuments enfin, auxquels le luxe de construction et d'ornementation sculpturale ne restait pas étranger (1). Tout cela s'est trouvé dans les ruines souvent étudiées du Vieux-Poitiers, sur une superficie d'environ deux mille mètres carrés, espace trop restreint pour une cité, et convenant très-bien à une station militaire. Le menhir si célèbre qui se dresse encore dans cette solitude, monument celtique laissé là comme l'unique témoin parvenu jusqu'à nous de cette époque mystérieuse, est une preuve de plus qui doit faire considérer ce lieu comme ayant été l'assiette d'un camp romain; lorsque la conquête du pays, déjà faite ou avancée, avait introduit dans l'armée conquérante des éléments tirés du peuple vaincu. Il est plus que probable que le nom de *Vieux-Poitiers* ne sera venu à ces restes épars que longtemps après la destruction de l'établissement qu'ils rappellent (2), lorsque la population d'alentour, ne se souvenant que d'un nom peut-être donné au camp par sa proximité du vrai Poitiers, l'aura désigné, pour le distinguer de celui-ci, sous une qualifica-

____

(1) *V.* Tite-Live, *Hist.*, lib. xxviij, c. 46 et suiv.; — lib. xl, c. 27. — Frontin, *Stratag.* — Montfaucon, *Antiq. expliq.*, t. i et iv. — Note sur l'*Histoire* de Thibaudeau, t. i, p. 431.

(2) La preuve de cette probabilité se trouve dans ce fait que les plus anciens documents disent toujours *Vetus Pictavium*, et jamais *Vetus Limonum.* C'est donc, au plus tôt, dans le courant du iv⁴ siècle qu'on aurait parlé du *Vieux-Poitiers*.

tion que justifiaient les apparences. A défaut de renseignements positifs, nous adopterions ces suppositions, qui nous
semblent avoir du moins le mérite de s'allier à des faits historiques, et d'avoir pour elles une concluante réunion de
vraisemblances (1).

Dire comment le Poitiers des Gaulois était construit, quelles
portes s'y ouvraient, et sur quelles orientations diverses, nous
paraît un peu plus hasardeux qu'à certains de nos historiens, qui en ont trop jugé d'après leurs rêves d'érudition
patriotique. Ils ont trop cru à de parfaites analogies entre
cette cité aux détails imaginaires et celle du moyen âge, dont
nous pouvons encore parcourir les rues et visiter les édifices sans nous y égarer un seul instant (2). Il n'en est pas
autrement des coutumes, de l'état civil et moral, du commerce, nous dirions presque de la littérature de ces illustres
habitants de notre contrée, lesquels, braves et guerriers de
naissance, ne nous ont laissé par eux-mêmes aucuns récits
qui dissipent les ténèbres de leur existence primitive. Ils
semblent avoir abandonné aux *Commentaires* de César le
soin de nous apprendre, en quelques rares détails, les caractères plus saillants de leurs habitudes publiques ou privées.
C'est à peine si nous savons de leur langue quelques dou-
zaines de mots échappés au naufrage de leur vie agitée, et
recueillis en forme de curieuses épaves par les académiciens de l'Europe. Quant à la beauté du pays et à son état
climatérique, il n'est guère contestable qu'ils aient maintes

(1) Walckenaër a voulu établir que le Vieux-Poitiers avait été la capitale
d'un petit peuple particulier renfermé dans le territoire des *Pictones*
(*Géogr. anc. de la Gaule*, I, 365); — mais il n'y a réussi qu'autant qu'il le fallait pour prouver qu'il n'était pas local, et que, s'il l'eût été, les vestiges
qui n'auraient pas échappé à ses investigations l'eussent rangé de notre
avis.

(2) V. un *Mémoire sur l'origine et l'antiquité de la ville de Poitiers*, par
D. Mazet, dans D. Fonteneau, t. lxxiv, p. 11. — Dufour, *Ancien Poitou*, p. 11.

fois, dans un long espace de vingt siècles, éprouvé de nombreuses variations. Nous ne nous fions pas plus à ces interminables forêts, comparables, dit-on, à celles de l'Amérique, recouvrant un sol inculte, et cachant de rares habitants sous des ombrages témoins de sacrifices humains, qu'à ces descriptions par trop courageuses de familles errantes et maladives, mal vêtues et mal nourries, dépeintes ainsi par des plumes un peu trop adonnées aux beautés de la civilisation moderne (1). De pareils traits convenaient tout au plus à des peuplades sans autre métier que la guerre, telles qu'on les voit six cents ans auparavant, lorsque Marseille, encore inconnue, n'avait pu implanter dans notre Midi la civilisation puissante des Phocéens, et avec elle le goût des arts, de la culture et du commerce. Que ces progrès aient été plus ou moins rapides, nous ne prétendons pas l'examiner. Mais tant d'années à la suite de ce fait, l'un des plus remarquables de notre histoire, avaient développé chez nous une transformation sociale qu'il est impossible de ne pas admettre, et notre littoral, couvert de populations vives et intelligentes, ne put être des derniers à se rapprocher, par des relations maritimes, de ce grand centre d'activité et de lumières qu'on appelait l'*Athènes des Gaules*. Ce n'est donc pas à l'époque où nous nous plaçons ici qu'il faut attribuer ces sombres couleurs employées contre elle sans assez de discernement. Ensuite, s'il s'agit d'une température tout aussi calomniée que le reste, et sans contester que d'immenses forêts, que des lacs profonds et étendus offrissent encore aux défrichements de vastes superficies, nous accepterons peu cependant les exagérations qu'on s'en est faites. En dépit des fréquentes variations de la température, ob-

(1) *V.* Dufour, *ub. sup.*

servées dans notre pays, à diverses époques, par la science
sérieuse, on peut s'en rapporter, pour juger de la douceur
habituelle du climat goûté par nos ancêtres, à la position
géographique dont ils jouirent comme nous entre le 46° et le
48° degré de latitude septentrionale. D'autre part, il est certain
que les populations, relativement restreintes, durent une vie
abondante aux ressources agricoles d'un sol fertilisé par les
féconds arrosements de ses nombreuses rivières. On vantait
la blancheur de leurs farines, ce qui suppose des céréales de
choix, et qui plus est des habitudes domestiques nées d'une
véritable civilisation (1). Que ces avantages ne leur soient
venus que vers les derniers siècles qui précédèrent la prise
de leur pays, c'est incontestable, et nous ne prétendons pas
remonter à la dispersion des peuples après le déluge, pour
attribuer cette vie formée et régulière aux premiers Gaulois
directement issus de Japhet (2); mais on ne doit pas oublier
que, trois cent quatre-vingt-huit ans avant la régénération
du monde par le christianisme, la bataille d'Allia et la prise
de Rome avaient soumis l'Italie à des dominateurs qui devaient être comptés pour quelque chose, et que les Poitevins
ne pouvaient être les seuls, parmi ces peuples, qui fussent
restés en arrière de cette réputation et des conditions qui
avaient dû la leur mériter.

Au reste, tout s'était encore singulièrement amélioré quand
les aigles romaines s'abattirent sur ce beau pays, où elles ne
venaient pas apparemment pour des huttes informes et des sau-
vages qui s'y cachaient. L'ambition de César, qui l'avait seule
déterminé à cette guerre, et qui l'y soutint, trouva de nom-

(1) Dufau, *Histoire de la Gaule*, p. 133.

(2) C'est l'opinion de plusieurs Pères de l'Église et de l'historien Josèphe
(*Hist. des Juifs*, liv. I) que les Celtes descendaient de Gomer, fils de Japhet.
— V. le P. Pezron, *Antiquité de la nation et de la langue des Celtes*.

breux obstacles à ses projets ; il n'acheta ses victoires qu'au prix des flots de sang versé par ses troupes autant que par ses ennemis. Induciomare, Vercingétorix et tant d'autres, qu'il a illustrés lui-même, n'étaient pas des hommes à dédaigner. Les chefs qui, sur notre propre territoire, contribuèrent à son succès ou s'y opposèrent, nous laissent une haute idée de leur énergique autorité, et, à défaut de documents écrits par un peuple mieux dressé à la guerre qu'aux séduisantes occupations de la vie civile, le vainqueur lui-même attesterait pour les vaincus la dignité du caractère et la valeur des institutions.

Mais ce caractère et ces institutions allaient subir d'autres modifications d'une bien autre portée. Sans rien perdre de leur valeur militaire, qui distinguerait leur postérité entre toutes les nations d'un monde nouveau, les Gaulois étaient près de subir un joug religieux qui devait agrandir leur rôle dans l'avenir, et déterminer leur influence sur la civilisation européenne, à la tête de laquelle Dieu les convierait bientôt à marcher. Notre province devait être une des premières à jouir de cette vie inattendue, appelée à remplacer pour eux le génie incomplet et perverti du paganisme par la science révélée des principes moraux les plus élevés.

L'idolâtrie, avec l'immortalité de l'âme, constituait toutes les ressources religieuses des Gaulois (1). Quelque nombreuses que fussent les provinces de ces vastes contrées, quelque vie à part que s'y fussent faite les petits peuples qui formaient d'abord ses trois principales divisions, le même génie qui faisait d'eux tous une grande confédération et les réunissait, à des époques fixées, en des assemblées géné-

---

(1) Habent magistros sapientiæ Druidas... præcipiunt æternas esse animas vitamque alteram ad manes. (Pomponius Mela. *De situ orbis.* lib. III. c. 2. — Cæs. *de Bell. Gall.*, lib. vj.)

rales, leur avait fait préférer le culte des dieux que les fausses traditions rattachaient aux préoccupations favorites de la guerre : Ésus, le dieu des combats; Taranis, celui du tonnerre; Teutatès, celui de l'intelligence. Ces divinités n'étaient point par tous les côtés les mêmes que reconnaissaient les Romains et les Grecs, c'est-à-dire parées d'une certaine élégance, et se rapprochant, dans leurs habitudes, des belles manières d'une civilisation avancée. La politesse n'était pas plus le fait des Gaulois primitifs que les beaux-arts. Leurs dieux furent, comme eux, entourés du sentiment de la peur; et ce que nous avons de leurs images retrouvées nous fait deviner, sous le symbolisme de formes toujours grossières, souvent hideuses, que rien de séduisant ne devait inspirer les prières et les vœux de leurs redoutables adorateurs. Eurent-ils des victimes humaines? leurs prisonniers furent-ils destinés parfois à des autels homicides? les femmes se mêlaient-elles à ces horribles scènes comme prêtresses, non moins cruelles que l'autre sexe? Tout l'atteste, outre l'affirmation de César (1), dans les inscriptions et les bas-reliefs que des mains grossières tracèrent, dit-on, au fond de cavernes longtemps ignorées, et dont la science a reconnu l'importance historique (2). Ces sanguinaires superstitions durèrent, en dépit de César lui-même et des justes sévérités de Tibère et de Néron, bien au delà de la soumission du pays; mais il faut rendre cette justice à la masse du peuple, qu'elle avait bientôt préféré à son propre culte, entaché de tels signes de barbarie, des usages plus humains; que le rôle des druides fut insensiblement abandonné, et finit par n'être plus bientôt qu'une pratique, assez peu estimée, de la magie et de la divina-

(1) *De Bell. Gall.* ub sup.
(2) *V.* Laureau. *Hist. de France avant Clovis*, t. 1, p. 85 et 110.

tion (1). Ainsi, à mesure que les lettres et les arts des nations voisines s'étaient introduits chez nos Gaulois, ils en avaient pris le goût, étaient devenus par eux plus policés ; leurs mœurs et leur religion s'étaient adoucies ; en un mot, ils avaient subi une sorte de préparation évangélique, et en même temps s'étaient acheminés à cette distinction littéraire qui devait rendre célèbres, dès le premier siècle du christianisme, les écoles de Toulouse, d'Autun, de Marseille et de Poitiers (2).

Tout semblait donc avoir prédisposé à la Bonne Nouvelle ces peuples favorisés, que leur position géographique avait montrés comme une proie à l'ambition d'un guerrier de génie, et qui, par leur adjonction forcée à l'empire, devaient participer plus heureusement à la foi divine que Rome allait leur envoyer. Étudions cette immense révolution, dans laquelle apparaît le pouvoir d'En-Haut, resplendissant des merveilleux desseins de sa sagesse ; et, tout en limitant notre objet aux frontières relativement étroites du Poitou, n'oublions pas que, si ce même prodige devait s'opérer bientôt dans toutes les Gaules, nos ancêtres furent des premiers à courber leurs fronts sous la douce puissance de l'apostolat chrétien.

En effet, quelques années séparaient à peine la soumission des Gaules du grand événement qui devait régénérer l'univers. De toutes parts le luxe, la débauche et l'ambition faisaient présager aux philosophes, ou une ruine imminente, ou une indispensable rénovation. Pendant le demi-siècle qui s'écoula entre le retour de César à Rome, où bientôt il allait payer

(1) Laureau, *ub. sup.*, t. i, p. 115.
(2) D. Bouquet, *Script. rer. gall.*, t. i, préface. — D. Rivet, *Hist. littér. de la Fr.*, id., ibid. — De Ferrières, *De l'état des lettres dans le Poitou*.

sa gloire d'une mort violente, et l'avénement du Sauveur, le Poitou prit sa grande part des coutumes et des améliorations matérielles que l'extrême civilisation apporte à un peuple nouveau. Avec la loi romaine qui, faisant de la Gaule une province de l'empire, fit de ses habitants autant de sujets romains, s'implantèrent les arts, se développa le goût des sciences. Un gouverneur ou proconsul envoyé de Rome s'établit à Poitiers pour y surveiller l'action de la conquête, s'y assurer de la docilité des grands et des petits, et y façonner le peuple vaincu aux goûts, aux travaux et aux spectacles même des vainqueurs.

C'est à ces premiers jours de leur servitude que les Gaulois virent s'exercer contre eux, en compensation de ces avantages plus ou moins appréciables, les rigueurs et les exactions de l'impôt que leur demandaient les maîtres du monde. Les excès de ce genre n'eurent pas de bornes, au témoignage de Lactance (1), et, en multipliant les outrages, les prescriptions et jusqu'aux supplices, ils devinrent la raison trop plausible des nombreux soulèvements du pays contre ses bourreaux. La fertilité du sol, l'esprit paisible de ses habitants et leur caractère laborieux ne pouvaient que le signaler comme un grenier d'abondance, et il ne dut pas échapper à la plaie d'argent qui frappait toutes les provinces (2).

C'est aussi dès ce temps que commencèrent, par un moyen non moins profitable au Poitou qu'à la politique nouvelle qui le dirigeait, à se perfectionner en se multipliant ces grandes voies de communication dont nous voyons les dernières traces, ces aqueducs qui de plusieurs milles portèrent au sein de la cité les eaux dont elle manquait, et nous laissent

(1) *Institutions divines.*
(2) Guérinière, *Histoire générale du Poitou*, I, 28.

une si haute idée de la statique et de l'architecture de ce temps; et probablement aussi les hippodromes et les cirques, auxquels devaient, un peu plus tard, succéder ces amphithéâtres dont les ruines, à jamais regrettables, constataient naguère encore une importance et une valeur dont on efface ainsi chaque jour une preuve de plus...

Bouchet, qui avait beaucoup lu, et qui puisait à des sources que nous ne saurions retrouver d'utiles documents de notre histoire primitive, parle d'un certain Pison d'Aquitaine, dont les intelligences avec le lieutenant de César, Publius Crassus, avaient contribué à l'asservissement de sa patrie, et qui se fit tuer vaillamment dans une rencontre avec les Germains (1). Sa grande naissance, puisque son aïeul avait régné dans sa cité, lui aurait d'autant plus sûrement ménagé les faveurs de Rome, que le sénat, reconnaissant de son concours, l'avait appelé officiellement l'ami des Romains. Durant ce combat, il avait sauvé son frère accablé dans un engagement, et celui-ci, à son tour, voulant le dégager de la mêlée, avait succombé en le défendant. Si de tels faits prouvent plus en faveur du courage de ces deux frères que de leur patriotisme, on en doit rigoureusement conclure, contre un auteur peu intelligent, que l'un de ces Pison ne devint pas gouverneur de la province, lorsque, après le départ du grand capitaine, ses lieutenants y organisèrent l'administration. Quoi qu'il en soit, nous n'avons guère à douter que les postes éminents n'y aient été donnés en grand nombre à des Gaulois dont l'adhésion et le concours eussent présenté des garanties de fidélité au parti triomphant, et les premiers administrateurs de la Gaule domptée durent être, en effet, ceux qui avaient contribué à l'asservir. Cette préférence ne put avoir que d'a-

______

(1) Bouchet, Annal. d'Aquit., ch. IV. — César, Comm. de Bell. Gall., lib. IV, c. 12.

vantageuses conséquences pour la cité. On ne put rien refuser à des gens qui avaient fait leurs preuves, et c'est peut-être à cette cause que Poitiers dut, aux premiers jours de son incorporation à l'Empire, le zèle qui le prépara à son brillant avenir. Sans pouvoir préciser l'époque où lui furent donnés les beaux monuments dont les débris, ensevelis dans les caves de la cité actuelle, attestent une magnificence remarquable, on voit bien à leurs grandioses inscriptions, à leurs marbres sculptés, aux frises et aux chapiteaux des plus beaux ordres de l'architecture antique, l'image encore vivante d'une gloire qui faisait de la ville poitevine l'égale des plus célèbres municipes du midi de la Gaule; et un passage de Lucain, où le poëte si fidèle à l'histoire parle des Poitevins comme possédant des priviléges municipaux, ne laisse pas douter que leur cité n'eût alors un rang distingué parmi les premières du pays (1). C'est donc aussi dès ce temps-là que se multiplièrent sur les voies publiques les bornes milliaires qui indiquaient les distances de la cité poitevine à celles des peuples voisins (2). Nous suivrons les développements de cette prospérité, qui s'augmentera à mesure que les arts et les idées pénétreront dans les masses sous les rapides persuasions du christianisme.

Enfin l'heure solennelle était arrivée. Cette Rome victorieuse de toutes les nations ne l'avait été de la Gaule que

______

(1) Pictones immunes subjugunt sua rura. — *Pharsalia*, lib. I, v. 436. — — Farnabe, édit. Amstelod, 1613, interprète cet *immunes* par *amotis præsidiis*, ce qui suppose précisément que Limonum, n'ayant pas de garnison romaine, se gouvernait par ses propres lois, tout en faisant partie de l'Empire. C'était là la prérogative d'où découlaient toutes les autres pour les villes municipales. *V.* Sabbattier, Montchablon et autres.

(2) Les plus anciennes de nos colonnes itinéraires, trouvées dans les vieilles localités gallo-romaines de quelque importance, comme Rom, Chauvigny, Génon, etc., etc., ne remontent guère au delà du milieu du II⁰ siècle. — Mais on n'a pas encore tout recouvré.

pour lui envoyer une loi bien plus précieuse que sa législa-
tion tant vantée, et la 753ᵉ année de sa fondation fut réellement la première de sa véritable décadence. Cette année-là,
naissait, dans une bourgade de la Judée, Celui qu'un Romain devait appeler ironiquement Roi des Juifs. Un autre
Romain, maître du monde, contribuait sans le savoir, par
un décret de dénombrement universel, à diriger vers le lieu
prédit à huit siècles de là (1) une jeune Vierge qui portait
dans son sein le Roi des rois et le Seigneur des seigneurs (2).
C'en était fait : la face de la terre allait être renouvelée.

Le règne d'Auguste, que personne ne confond avec la
tyrannie d'Octave, fut des plus favorables à la Gaule, et nous
avons des preuves que Poitiers se ressentit particulièrement
des faveurs de son administration. Ce génie actif, empressé,
depuis qu'il n'a plus de compétiteur (l'an 27 avant J.-C.),
à remplir tous les devoirs de la charge qu'il avait ambition-
née, s'occupe spécialement, d'après un décret du sénat,
à perfectionner ou à réparer les routes de l'empire ;
il aime à protéger ou à relever les beaux monuments de
Rome ; c'est lui qui la partage en quatorze régions ou quar-

(1) *Et tu, Bethleem Ephrata, parvulus es in millibus Juda. Ex te mihi orietur
Parvulus qui sit Dominator in Israel, et egressus Ejus ab initio, à diebus æternitatis.*
— Ces paroles, dont le sens est si précis, et que l'événement a si bien jus-
tifiées qu'elles réalisent dans leur concision pleine de clarté toutes les
promesses de la loi mosaïque, sont du prophète Michée, contemporain du
roi Achab, et qui florissait entre 740 et 721 avant Jésus-Christ. C'était donc
pendant la fondation même de la ville éternelle par Romulus qu'un Juif
ignoré du reste de la terre annonçait un événement qui détruirait la puissance temporelle de ce nouveau peuple destiné à enchaîner l'univers, et
qui déterminait avec une net eté incontestable la divinité du nouveau
Maître de toutes choses.

(2) *Rex regum, et Dominus dominantium.* disait saint Paul, 1ᵉ ép. à Timothée, vj, 15.

tiers qui s'y sont perpétués jusqu'à présent même, et l'on aurait peine à penser qu'il ait négligé les principales cités de la Gaule, quand on le voit honoré d'une médaille pour avoir entretenu les grands chemins de l'empire, et complété le vaste réseau qui subsista en France avec le droit romain jusqu'au x⁰ siècle. Il fit plus pour ce pays, qu'il importait à la métropole de rendre heureux et florissant : il y entreprit un voyage, et, après y avoir donné à l'administration publique un ordre qui lui manquait encore en beaucoup de choses, il se dirigea vers l'Espagne pour s'y occuper des mêmes soins, ce qui laisse peu de doutes qu'il se soit arrêté à Poitiers. Cette cité était alors digne de son attention, ayant des relations fréquentes et de haute importance avec les capitales qui rayonnaient autour d'elle, et se trouvant le centre d'un gouvernement dont nous avons indiqué l'étendue entre la Loire, l'Océan, la Saintonge, la Touraine et le Limousin (1).

Ce prince, qui avait ordonné un dénombrement de l'empire à l'époque où il était parvenu à l'unité du pouvoir, en ordonna un second trente ans après, c'est-à-dire l'an de Rome 753 et le 34⁰ de son règne. Des censeurs furent envoyés dans toutes les provinces, et la Gaule entra dans cette mesure générale comme complétement incorporée à la grande famille romaine. L'officier délégué pour l'Aquitaine a conservé son nom dans nos vieilles annales. C'était Léocadius, dont nous ne savons autre chose, ni même quand et combien de temps il séjourna dans le Poitou pour y remplir ses pacifiques fonctions (2). Quoi qu'il en soit, elles durent s'exercer l'année

(1) Jacob, *Traité de Numismatique ancienne*, ɪ, 99. — *Bulletin monumental*, xv, 207.

(2) Ce nom grec latinisé, et d'autres que nous rencontrerons bientôt, comme Étienne, s'expliquent fort bien par l'incorporation qu'Auguste avait faite récemment à l'Empire, des Galates ou Gallo-Grecs, qui, toujours armés

même de la naissance du Sauveur, ou dans le cours de deux ou trois qui la suivirent. Quatorze ans s'écoulèrent encore, et Auguste mourut après avoir fermé trois fois le temple de Janus et réalisé la prophétie biblique d'une paix universelle quand apparaîtrait sur le monde l'Étoile Divine qui devait être sa paix (1). Tibère lui ayant succédé, Léocadius obtint le gouvernement de l'Aquitaine; mais, au lieu de se fixer à Poitiers, il s'établit à Limoges, peut-être pour se trouver plus au centre de sa province et en exercer plus facilement la surveillance. Au reste, cette cité, capitale des *Lemovices*, jouissait dès lors de tous les priviléges des plus intéressantes de la Gaule. Ce peuple, qui paraît avoir eu une origine gothique, s'était emparé, à une époque mal déterminée, d'une grande partie du Poitou méridional, s'y était posé et s'en était fait un pays à part, ou bientôt fleurirent tous les avantages que la civilisation nouvelle procurait à l'Aquitaine. Ce voisinage établit entre *Augustoritum*, nom qu'on donna bientôt à Limoges, et le Limonum des *Pictavi*, d'étroites relations de vie presque commune; si bien que plus tard nous verrons les ducs d'Aquitaine, comtes de Poitiers, se faire couronner à Limoges comme dans la seconde ville de leur domination, et qui, à titre de vicomté, était naturellement de leur mouvance (2). .

contre Rome, supportaient difficilement le joug étranger. La politique du successeur de César parvint à faire cesser ces oppositions, et il paraîtrait, par le fait raconté ici, qu'il sut prendre le moyen le plus efficace de déplacer le patriotisme des vaincus. — Ce même nom paraît s'être implanté dans la Gaule, car, vers le milieu du III° siècle, on le trouve appliqué dans Grégoire de Tours (*Hist. Franc.*, lib. I, c. 29, — et *de Glor. confess.*, c. 92) à un sénateur du pays. — Le fils du comte de Tours, Leudaste, portait aussi ce nom (*Hist. Franc.*, lib. V, c. 48). — Ainsi, encore une fois, voilà Bouchet, dont nous suivons les traditions, justifié par des autorités irrécusables. — *V. Annal. d'Aquit.*, p. 18 et 19. — Sabbatier, *Dict. des antiq. classiq.*, v. *Galates*. — Bouillet, *Dict. d'Hist. et de Géographie*, ibid.

(1) Et erit Iste pax (Mich., v, 5). — Princeps pacis (Is., IX, 6).
(2) *Art de vérifier les dates*, in-8°, tom. X, p. 242.

Mais des rapports d'un plus haut intérêt devaient unir les deux cités, en leur donnant une imposante communauté d'origines chrétiennes.

A Tibère, dont les dernières années furent marquées par les douleurs et la mort du Fils de Dieu, avait succédé Caligula, qui ne fit que continuer ses cruautés et sa débauche. Ce fut un règne de quatre ans, pendant lequel nous ne voyons pas que rien de quelque valeur se soit passé sur notre sol. C'est après que Claude l'a remplacé, et la seconde année de ce nouveau règne (l'an 42), que saint Pierre, transportant son siége d'Antioche à Rome, va fonder cette monarchie religieuse qui assujettira au Crucifié le domaine des plus hautes puissances de la terre. Désormais le rôle de la Providence, caché ici-bas à presque tous les regards, va se manifester visiblement sur l'Église, qui, malgré les contradictions et les tempêtes, maintiendra jusqu'à la fin son gouvernement des âmes, seule régnera sur les ruines amoncelées de toutes les nations, et ne verra marcher parallèlement avec elle, dans sa glorieuse perpétuité, que les peuples et les rois capables de comprendre que leur mission est de la défendre et de la servir.

Tout historien qui ne partira pas de ce principe n'expliquera jamais la vie miraculeuse de l'Église ; il ne verra que des obscurités et des hasards sans intelligence dans les événements principaux de la politique humaine, et, en chassant Dieu du sein des sociétés modernes, il n'arrivera qu'à faire du matérialisme au profit des plus mauvaises passions. Pour prouver cette vérité si longtemps incontestée, il ne faut qu'invoquer la grande phase historique dont nous allons étudier les caractères divers et les mémorables détails.

Nous n'avons plus à prouver que le premier apôtre de l'Aquitaine, mais surtout du Poitou et du Limousin, fut saint

Martial, le disciple du Sauveur même et le compagnon des
voyages de saint Pierre à Antioche et à Rome (1). Rien de
plus gracieux que ce que nos pères ont recueilli des traditions primitives sur ce grand missionnaire, qui avait préludé

(1) Ce fait, si formellement attaqué depuis que l'esprit de la prétendue
réforme avait envahi nos écrivains jansénistes, n'est plus discutable depuis
1851 surtout, lorsque le Saint-Siége, qui l'avait toujours tenu pour certain
dans l'office du saint, rendit à cet égard un nouveau décret affirmatif, conforme à celui donné par le pape Jean XIX. Cette décision avait été préparée
par les doctes travaux de savants ecclésiastiques, tels que MM. Faillon, de
Saint-Sulpice, Arbellot, curé de Rochechouart, et de beaucoup d'autres
auxquels vinrent se mêler parmi les laïques des hommes de toute compé-
tence, dont les études sérieuses sont devenues des autorités, et que des
académiciens haut placés, comme M. Paulin Paris, n'ont combattus que
pour revenir enfin de bonne foi à leur sentiment. Nous n'avons pas à
discuter nos affirmations, ni à faire de l'histoire une thèse qui embarras-
serait son récit, et ne pourrait que répéter des arguments déjà connus de
quiconque suit attentivement la marche des études nouvelles. N'est-ce pas
Quintillien qui a dit : *Scribitur ad narrandum, non ad probandum ?* » Cette
maxime est surtout d'une exacte application à l'histoire, à celle particulièrement dont les sources ne sont ignorées de personne. Encore une fois donc,
et sans nous refuser le droit d'apporter, au besoin, une raison en faveur de
quelques points moins connus de notre récit, nous avancerons en nous déga-
geant de toute dissertation hérissée d'arguments, content de citer fidèlement
nos sources, auxquelles nous aimerons toujours qu'on veuille bien recourir
après nous. Seulement, et puisqu'il s'agit de formuler nettement nos raisons historiques, appuyons encore notre conviction à ce sujet sur d'autres
beaucoup plus anciennes, et que des érudits ont semblé jeter devant nous
pour nous éclairer d'autant mieux. Le savant Père Dupuy, qui publia son
Estat de l'Eglise du Périgord en 1629, c'est-à-dire avant que Baillet et Launoy
songeassent à écrire leurs fameux paradoxes, disait avec un grand jugement sur cette même question : « Observons que, s'il nous faut reco-
» gnoistre le temps de l'envoy des disciples en nostre France par la com-
» mune traditive observée par les martyrologes, nous prouverons que
» ceux du Périgord, 40 ans plus tôt ont reçu la foy que les Parisiens,
» Xaintongeois, que ceux de Beauvais, d'Evreux, de Melun, Chartres,
» Verdun, et plusieurs autres quartiers; puis que saint Denys est le pre-
» mier apostre envoyé aux Parisiens par sainct Clément, sainct Lucian,
» Taurinus, Eutrope par le mesme, quelques 50 ans après la mort du Fils
» de Dieu, soubs l'empereur Domitien, et les disciples de sainct Pierre
» avoient esté envoyés l'an second de Claudius, dix ans ou environ après
» l'ascension de Jésus-Christ. » (*Estat de l'Eglise du Périgord*, in-4°, 1629. —
1, 51.) Voilà la croyance inattaquée jusqu'à nos hypercritiques, et vers
laquelle de nouvelles preuves nous forcent de revenir aujourd'hui, pour
ne plus l'abandonner.

aux travaux de son âge mûr en suivant, dès sa plus tendre jeunesse, les courses apostoliques du Sauveur. Ce fut lui que le divin Maître proposa pour modèle dans sa simplicité d'enfant aux disciples trop préoccupés de leur mérite personnel ; lui aussi qui lui prêta les cinq pains d'orge et les deux poissons dont furent nourris les cinq mille hommes du lac de Tibériade (1). Un peu plus tard, il s'attacha de sa personne à l'Homme-Dieu, se rangea au nombre de ses disciples, et en cette qualité reçut le baptême des mains de saint Pierre. Après l'Ascension, il ne se sépara point de celui-ci, qui s'en fit accompagner jusque dans la ville des Césars, et s'en aida pendant quelque temps pour ses travaux du saint ministère.

L'organisation des choses chrétiennes a coûté au premier pape aussi peu de peine que de temps. Il ne s'agissait point encore d'un système arrêté de conduite personnelle et d'administration publique, mais simplement de prêcher aux païens et aux juifs (ces derniers assez nombreux à Rome) pour les convertir, aux chrétiens pour les affermir contre les illusions de la philosophie païenne. Toutefois la charge de pasteur universel n'embrassait pas moins la sollicitude du monde entier, et ceux qui ont nié l'action immédiate de saint Pierre sur la France en particulier, qui ont reculé l'envoi des missionnaires chrétiens aux diverses parties du monde jusque vers le milieu du iiie siècle, oubliaient trop facilement que le zèle est une vertu essentielle du principal apostolat, que saint Pierre avait entendu le Sauveur donnant au collège apostolique l'ordre formel « d'enseigner toutes les nations ; » qu'à titre de prince des apôtres et chargé de « confirmer ses frères, » la première pensée qui

____

(1) *V.* les ix^{es} chapitres de l'évangile de saint Marc et de saint Luc.

dut lui venir fut, sans contredit, de disséminer la lumière évangélique aux points les plus éloignés du rayonnement dont Rome devenait le centre, et que rien ne dut lui sembler plus urgent que de multiplier par le baptême ceux qui attendaient « dans les ténèbres de la mort » la parole de vie et la bonne nouvelle du salut. C'est pour cela qu'on a dû fixer la mission des premiers envoyés du Saint-Siége dans les Gaules entre l'an 42, où saint Pierre, délivré des fers d'Hérode III, vint à Rome, et l'an 55, lorsque, ayant été obligé de fuir cette ville par un édit de Claude qui en expulsait les chrétiens et les juifs, il y rentra après la mort de cet empereur, en 54. — Vers la même époque, saint Lazare, qu'avait ressuscité Jésus-Christ, évangélisait la Provence, où sainte Madeleine, sa sœur, avait abordé avec lui. — Tout semblait tourner les regards du Chef de l'Église vers ces belles Gaules, qu'une nouvelle conquête devait gagner à Jésus-Christ : la paix partout, de vastes et magnifiques routes, percées en lignes directes vers les grandes cités, une liberté encore entière de prêcher l'Évangile, qui jusque-là avait semblé aux maîtres de Rome une philosophie bien plus qu'une religion. Pierre, qui avait vu Martial à l'œuvre, le désigna pour l'Aquitaine, en même temps qu'il confiait à Saturnin la seconde Narbonnaise, où Toulouse, fort peuplée, tenait le second rang. Deux prêtres accompagnèrent Martial, à qui le caractère épiscopal donna la plénitude du pouvoir sacré (1). En cheminant vers le but de leur voyage, leur zèle s'exerça tour à tour dans le Languedoc, le Bordelais et le Quercy. Limoges, comme ville de haute importance, leur semblait être le point où ils devaient s'arrêter.

(1) *V.* Nadaud, *Tableau chronologique des évêques de Limoges* ; — M. l'abbé Arbellot, *Dissertat. sur l'apostolat de saint Martial* ; — Bouchet, *Annales d'Aquitaine* ; — la Rocheposay, *Notæ ad litanias SS.*

Lorsque saint Martial y arriva, Léocadius, que nous avons vu gouverneur du Limousin, venait d'être tué dans une rencontre avec un des peuples limitrophes, qui paraît avoir été de ceux qui supportaient impatiemment le joug romain. C'était avant l'an 54, car le successeur de ce haut fonctionnaire fut pourvu par l'empereur Claude. Ce successeur, nommé Étienne, était un jeune Romain, qui déjà comptait sur une alliance avantageuse avec Valéria, fille de Léocadius. Mais ses espérances se trouvèrent déçues quand il apprit de la jeune fille elle-même qu'il devait y renoncer. C'est que sa mère Susanne, dont le nom fait croire qu'elle était Juive, l'avait sans doute élevée dans la connaissance du vrai Dieu, et par là disposée aux grâces du baptême. Aussi ne tardèrent-elles pas à se rendre toutes deux aux prédications de Martial et aux miracles dont il les accompagnait. Ayant reçu le baptême avec toute leur maison, Susanne se proposa l'exemple des saintes veuves dont saint Paul traçait en ce même temps les vertus dans sa première épître à Timothée; et Valérie, offrant à Dieu sa virginité, renonça pour l'état le plus parfait à la gloire mondaine offerte avec un mariage que tant d'autres eussent envié.

Mais le jeune gouverneur, en apprenant qu'il devait renoncer à ses projets, entra en fureur autant contre l'apôtre que contre celle qu'aucune de ses instances ne put vaincre. Son exaspération le poussa jusqu'à ordonner la mort de l'héroïque vierge, qui la subit généreusement, et dont le sang fut le premier versé dans notre province pour la foi chrétienne. Cependant le bourreau mourut instantanément après le supplice, accomplissant ainsi devant Étienne lui-même l'avis que la victime en avait donné. Saint Martial, mandé par celui-ci, rend la vie au mort; mais ce double prodige, au lieu d'ouvrir les yeux au cruel aveuglé par sa colère, produit l'effet opposé, et détermine une persécution qui cède enfin à une suite de nouveaux miracles. Les conversions se multiplient ; Limoges devient chrétienne, et l'on voit jusqu'aux prêtres des idoles abdiquer leur folie et solliciter le baptême, parmi lesquels surtout André et Aurélien, devenus bientôt prêtres du vrai Dieu, aidèrent singulièrement à ramener beaucoup de païens. Cet Aurélien devait être un jour le successeur de Martial sur le siége que tant de succès le déterminèrent à établir dans la ville des Lemovices (1). Et comme le gouverneur Étienne, converti lui-même, avait contracté avec le saint une étroite amitié, ce dernier voulut honorer dignement le souvenir de cette conversion : il construisit la première église de la cité sous le vocable du premier martyr, lequel est toujours demeuré le patron de la cathédrale et du diocèse.

Ainsi se vit fonder l'Église de Limoges. Une fois assuré de cette conquête, l'apôtre aspira à la reproduire. Une autre

(1) Il y a dans ce récit, que nous reproduisons des mémoires de plusieurs auteurs, des caractères de vérité qu'il est impossible de méconnaître. Ce qui nous y semble le plus frappant et dont nous pouvons tirer les plus utiles conclusions, c'est par-dessus tout la nature de ces noms propres qu'un auteur de légendes faites à plaisir n'eût certainement pas puisés aux sources d'où nous viennent ceux d'*Étienne*, de *Susanne*, d'*André*, d'*Aurélien* et d'*Arcadius*. On voit bien que ces noms accusent des éléments de nationalités diverses, et se rencontrent parfaitement avec le fait historique du mélange des Juifs avec les Romains. Le grand nombre des premiers qui étaient venus s'établir à Rome suppose quelques alliances qui, avec le temps, durent se faire entre les familles des deux nations, et c'est pourquoi, à côté du nom romain d'Aurélien, nous voyons ici trois noms juifs qui étaient venus s'implanter dans la Gaule aquitanique : Étienne, Susanne et André. Il est clair que de tels noms ainsi rassemblés ne l'ont pas été par le hasard, et, quand on les voit accolés à des événements très-conformes à la marche des histoires contemporaines, on a une preuve de plus en faveur des traditions dont les sources, tout effacées qu'elles soient, n'ont pas moins laissé des traces certaines de leur passage dans nos chroniques originales. Le vocable donné alors et conservé à travers tant de siècles à la cathédrale de Limoges est encore d'une coïncidence remarquable et très-naturellement expliquée.

grande cité l'appelait non loin de là. C'était notre célèbre Limonum, digne à tous égards de sa pieuse sollicitude, et dont les habitants ne résistèrent en rien à la lumière qu'il leur apportait. Le ciel ménagea d'ailleurs cette grande œuvre par un miracle bien propre à la faciliter. Poitiers était alors gouverné par un Romain du nom d'Arcadius, dont le fils, le jour même de l'arrivée de l'apôtre, venait de se noyer dans la Vienne, à cinq lieues de Poitiers, dit-on, et par conséquent non loin de Bonnes ou de Chauvigny (1). Le jeune homme fut ressuscité par le saint, ce qui ne contribua pas peu à gagner au christianisme le père et tous ceux qui tenaient à sa famille. Par un tel exemple la population se trouva naturellement entraînée, et en même temps la majorité se rangea, en désertant l'idolâtrie, sous la conduite de Martial ; mais là aussi, avec un si grand nombre de néophytes, il fallait une église, et le ciel sembla lui-même se charger d'en désigner l'emplacement. Un jour que le saint évêque parlait au peuple en plein air, suivant sa coutume, et au bas de la colline que baigne le Clain, une voix venue du ciel l'interrompit, et, déclarant qu'à l'instant même l'apôtre saint Pierre mourait à Rome pour Jésus-Christ, elle lui enjoignit de fonder, sur le lieu même où il prêchait, une église en l'honneur du nouveau martyr. Martial ne tarda pas à se mettre à l'œuvre, et un sanctuaire s'éleva au lieu même où se développèrent ensuite les grandioses proportions de notre cathédrale actuelle. Ce fait a sa date certaine, puisque saint Pierre fut crucifié le 29 juin 67, l'année qui précéda la mort de Néron ; il s'accorde aussi parfaitement avec le vocable des saints apôtres Pierre et Paul, que notre Église-mère a toujours conservé, honorant ensemble les deux protec-

______

(1) Bouchet, *Annal.*, p. 14.

teurs qu'un même triomphe ne permet pas de séparer (1).

Nous n'ignorons pas entièrement quels furent les autres travaux de saint Martial; il se donna successivement à la conversion des diverses contrées de l'Aquitaine, et laissa à Saintes, à Angoulême et à Bordeaux, aussi bien que dans tous les pays intermédiaires, des souvenirs précieux, qu'il couronna, après 28 ans d'apostolat dans les Gaules, par une mort que tant de fatigues durent hâter; car il avait à peine 55 ans lorsqu'il se reposa dans le Seigneur, le 30 juin de l'an 73.

Son disciple Aurélien, nous l'avons dit, lui succéda à Limoges, et après celui-ci une suite de huit autres ouvre la série des 95 évêques qui ont gouverné cette Église jusqu'à nous (2).

L'action si fructueuse de saint Martial sur notre pays est constatée par la dévotion populaire qui, en certaines villes, érigea des églises en son honneur. Son culte y fut aussi ancien que sa prédication illustrée par tant de miracles, et l'Église de Poitiers l'a toujours célébré en fixant sa fête à l'un des jours de l'octave de la Saint-Pierre. Il faut peu s'étonner

(1) Quand nous publiâmes notre *Histoire de la cathédrale de Poitiers*, en 1849, cette question était loin d'avoir été étudiée comme elle l'a été depuis, et, sans prendre parti pour aucune des deux thèses contradictoires, nous nous attachâmes aux errements battus dont nous établissons aujourd'hui le peu de fondement et l'insuffisance.

(2) Encore un trait de vérité en faveur de nos sources historiques. Un romancier, qui aurait voulu établir les choses d'après son imagination, n'aurait pas manqué de mettre à la place de saint Martial sur le siége de Limoges Albinien ou Austriclinien, l'un des deux prêtres qu'il avait amenés de Rome dans sa mission des Gaules. Tous deux lui avaient survécu; l'un ou l'autre aurait pu lui succéder plus ou moins immédiatement. Eh bien, l'histoire procède tout autrement, et, en rendant justice à la sainteté des deux Romains compagnons et amis de Martial, elle leur préfère, par la force des faits, un idolâtre converti, et ne songe même pas, après ce second évêque, à rendre enfin à ces deux prêtres une position qu'on semblait avoir oubliée leur faire.

d'ailleurs que Poitiers n'ait pas eu une de ses églises dédiée sous son nom. La première de toutes ayant été Saint-Pierre, la seconde fut naturellement Saint-Paul. Saint Simplicien, dont nous parlerons bientôt, eut aussi une priorité de droit sur toute autre ; puis, la persécution arrivant, de tels monuments devinrent impossibles pendant quelque temps, après lequel de nouveaux confesseurs durent obtenir un honneur réclamé par des souvenirs plus récents. Tels furent, seulement à Poitiers, saint Martin, saint Hilaire, saint Germain, saint Savin, saint Porchaire et tant d'autres. Mais, outre que le territoire des Poitevins ne fut pas ingrat alors, puisque plusieurs églises furent fondées peu après sous la protection du saint apôtre (1), Limoges en dédia une sous son invocation, qu'on appela d'abord Saint-Sauveur, et qui fut érigée en abbaye vers le commencement du ixe siècle. C'est dans cette église que fut déposé sa dépouille mortelle. Bientôt y fut placé près de lui Étienne, ce gouverneur de la cité que nous avons vu ordonner le supplice de sainte Valérie, et, plein de repentir, s'attacher à saint Martial avec la piété fervente d'un converti. Il avait assez survécu au saint évêque pour goûter les merveilleux effets de sa mission sur le peuple qu'il gouvernait ; sa vie était devenue celle d'un homme de foi regrettant les jours où la vérité lui était restée inconnue. On dit même qu'il avait fait le voyage de Rome (ce que sa charge eût rendu très-possible, indépendamment de tout motif de dévotion), et qu'il y avait eu la consolation de se jeter aux pieds du premier pape. On ferait donc remonter ce pèlerinage au temps où vivait encore saint Martial, celui-ci ayant survécu de six ans à saint Pierre, c'est-à-dire au plus tôt vers l'an 70 de l'ère chrétienne. Devant le double tombeau des deux amis, une

____

(1) A Montmorillon, à Chauvigny, etc.

même lampe brûla longtemps sans discontinuité et y demeura aux yeux du peuple, jusqu'au milieu du xvi° siècle, un symbole de l'immortalité de leurs espérances et un témoignage de la commune piété (1).

Il est bon maintenant de nous faire une juste idée du mouvement des affaires ecclésiastiques de ce temps.

On comprend bien que l'organisation d'un diocèse, à cette époque de fondation primordiale, se réduisait à sa plus simple expression, qui se développa successivement d'après l'augmentation progressive de la population chrétienne, le besoin de celle-ci devenant le principal mobile de ces modifications nécessaires. Un seul évêque, souvent réduit à lui-même, ou secondé d'un petit nombre de prêtres, administrait la cité capitale d'un vaste pays, et de là se répandait peu à peu sur tout le territoire, ou envoyait ses auxiliaires sur les divers points, y prêchant, y baptisant, y établissant de petites églises, qu'on doit regarder comme le premier type des paroisses. Rien ne ressemble plus à cette vie nomade, à ces fatigues et à ce zèle que la vie actuelle de nos missionnaires catholiques du Thibet et du Maduré, sauf toutefois les chances périlleuses de la persécution, qui ne vint qu'un peu plus tard dans les Gaules, et quand des édits généraux partirent du Capitole pour tremper du sang chrétien toute la surface de l'Empire. Pour ce qui est des délimitations diocésaines, elles se trouvèrent tracées naturellement par celles des provinces renfermées dans les quatre grandes divisions de la Gaule, et l'évêché primitif fut partout établi dans la capitale de chaque subdivision civile. Ce fut bien plus tard et vers le commencement du iv° siècle qu'on vit paraître les chorévêques ou évêques ruraux, qui furent fixés dans les autres

(1) Bouchet, *Annales*, p. 15.

villes pour y suppléer aux fonctions épiscopales, ce qui contribua beaucoup à multiplier les chrétiens aux dépens du paganisme.

Ainsi la circonscription ecclésiastique dont *Limonum* devint le siége embrassa tout le territoire des Poitevins, en y comprenant ceux beaucoup plus restreints des Ambiliates, autour de Doué, en Anjou; des Anagnutes, qui côtoyaient les rives les plus occidentales de la Loire, et des Agésinates, dont le lieu est encore le sujet de difficiles discussions (1). Plusieurs petites cités, dont les titres ecclésiastiques, moins anciens,

(1) Cf. Notes sur le premier volume de l'*Hist. du Poit.*, par Thibaudeau, I, 420 et suiv. — *Mém. de la Société des antiquaires de l'Ouest*, I, 78, et V, 300. — Ce petit peuple des Agésinates est cependant un de ceux dont la position est plus difficile à établir. Pline, qui, par l'énumération qu'il fait des différentes populations de la première Aquitaine (lib. IV, c. 33), les nomme successivement en les prenant du nord au sud, cite les Agésinates vers la fin de sa liste comme étant ou du Poitou même, ou adjoints aux Poitevins par la limite des deux pays : *Agesinates Pictonibus juncti*. C'est l'opinion de M. Deloche (*Mém. des Antiq. de France*, XXIII, 82), qui pense que les Agésinates étaient une fraction des *Lemovices*, lesquels s'étaient incorporés au Poitou. Nous partagerions ce sentiment, qui expliquerait ce que nous avons rapporté cidessus de l'envahissement du sol poitevin par les *Lemovices*, si nous ne préférions les placer plus au Sud de notre territoire à une époque indéterminée. D'Anville, en préférant *Aizenay*, et s'appuyant beaucoup sur l'analogie de ce nom avec celui des Agésinates, émet le vœu que les savants du Poitou recherchent les noms anciens donnés à Aizenay, et puissent arriver par là à quelque certitude. Mais aucune conséquence heureuse ne peut réaliser ces espérances, car le titre le plus ancien que nous ayons de l'archidiaconé d'Aizenay est de l'an 1092 et le désigne par les mots *de Asineis*. — En 1166, une autre charte dit : *Prior Asiniensis*. En 1251, c'est *Ayseneis*, — et *Asianum* en 1468. — (V. Pouillé de Luçon, par M. l'abbé Aillery, p. 9). — Rien de tout cela n'éclaire la question; il s'ensuit seulement qu'en arrachant les Agésinates de la partie nord-ouest du Poitou, où d'Anville a cru devoir les placer, tout en leur donnant Aizenay pour chef-lieu, on ne sait trop où les mettre et quelle ligne leur assigner sur la marche qui sépare le Poitou du Limousin. C'est pourquoi nous leur avons gardé sur notre carte un territoire trouvé avant nous, en y inscrivant un signe de doute, et jusqu'à ce qu'il soit prouvé que, suffisamment instruits par les données indiquées ci-dessus, nous puissions les établir plus sûrement peut-être aux bords de la Gartempe, où nous les avons indiqués aussi entre Montmorillon au nord et le Dorat au sud, c'est-à-dire entre les 46° et 47° degrés de latitude septentrionale. (V. la carte.) Mais tout cela reste fort obscur.

donnent à penser qu'elles furent de bonne heure des centres
assez considérables d'agglomérations chrétiennes, durent
aussi être pourvues alors d'un ou deux prêtres, selon que
les circonstances le permirent. Mauge *(Maugia)*, Vihiers
(Vierium), Chemillé *(Camilliacum)*, Bressuire *(Berchorium)*,
et Ségora, qu'on croit représenté aujourd'hui par le village
de la Ségourie (1), eurent leur importance dès ce temps
comme localités qui probablement en avaient déjà sous la
nationalité gauloise. Rom *(Rauranum)* et Briou *(Brigiosum)*
ont droit de figurer au même titre dans la partie la plus
méridionale de notre ressort.

Ici l'horizon s'obscurcit sur notre histoire. La tranquillité
relative des Gaules, où des révoltes partielles de l'esprit na-
tional étaient promptement réprimées, n'était troublée en
rien dans la haute Aquitaine, où l'esprit d'opposition ne se
manifestait plus. Le christianisme lui-même, en dépit des
édits barbares de Néron, y restait paisible possesseur de
ses conquêtes spirituelles, et la haine des tyrans qui ensan-
glantaient l'Italie au profit de l'idolâtrie expirante n'était
pas arrivée sans entraves jusqu'à nos contrées ; les païens
eux-mêmes avaient fini par y laisser une pleine liberté à la
propagation des vertus évangéliques. On devait ce calme de
quelque durée à l'énergique soulèvement de Julius Vindex
qui, indigné des cruautés auxquelles il voyait livrer sa patrie,
se fit assez craindre du tyran pour arrêter le cours de
ses caprices barbares (2). Seulement, comme les proconsuls y étaient tout-puissants, par suite de leur éloigne-
ment même de l'autorité centrale, ils devenaient, en
vertu de leur pouvoir que personne ne contrôlait, des per-

---

(1) Village de la commune du Fief-Sauvin, près de Beaupreau, sur la voie
romaine de Nantes à Tours, aujourd'hui département de Maine-et-Loire.
(2) Sueton. *in Neron.*, c. 40 et 42. — Baronius, *Annal.*, an. 69, n° 47.

sécuteurs plus ou moins violents, à la moindre opposition que des chrétiens croyaient devoir leur faire en conscience. Il est vrai que leurs rigueurs ne prenaient pas alors ce caractère d'universalité que leur donnèrent plus tard les édits impériaux, quand la politique, autant que la haine religieuse, commença à faire craindre que la foi nouvelle ne renversât enfin la religion de l'État (1). Mais les victimes de ces empereurs au petit pied ne succombaient pas moins sous la loi sanguinaire d'un despote à qui le prétexte de ses passions pouvait suffire; et quelques-uns de nos martyrs poitevins durent leur couronne, comme sainte Valérie à Limoges, aux caprices d'un amour déçu ou d'un fanatisme aveuglé. De ces glorieux athlètes, deux surtout sont restés parmi nous l'objet d'une vénération publique : sainte Soline et saint Simplicien.

C'est vers l'année 80, lorsque Vespasien régnait encore, et peu de temps après la mort de saint Martial, qu'il faut rattacher ce qui regarde la première. Née, dans le Poitou, de parents élevés par leur position et leurs richesses, elle eut, jeune encore, le bonheur de comprendre, à la parole des missionnaires chrétiens, la vanité des superstitions romaines que sa famille n'abandonnait pas, et l'on croit que ce fut de

(1) Le P. Dupuy (*Estat de l'Église du Périgord*, i, 64) réfute très-bien, par rapport à la France et à l'Aquitaine, dont il avait mieux comparé les traditions historiques, l'opinion de Bellarmin, appuyée de Sulpice-Sévère et de Grégoire de Tours, sur l'époque où les martyrs commencèrent à souffrir dans la Gaule. A entendre ces auteurs, il n'y en aurait pas eu avant l'an 160 de J.-C., sous Antonin. Dupuy leur oppose saint Jean Chrysostome, saint Prosper d'Aquitaine, Eusèbe, Suidas, le V. Bède, et tous les Actes des martyrs de la province, avec les savantes critiques de Pithou et de la Saussaye; enfin, il fait observer que, dans les textes originaux, on a trop souvent pris le terme *martyrii* pour le supplice imposé dans les persécutions, lorsqu'il n'était réellement qu'un synonyme bien connu d'*autel*, de *confession*, élevés en plus grand nombre, en certaines contrées, vers le milieu du iie siècle, mais très-usités déjà dans le cours du précédent.

la main de saint Martial qu'elle reçut la grâce baptismale. Avec cette grâce, l'amour des grandes vertus se développa bientôt dans ce cœur innocent, et, docile à l'un des conseils que le Sauveur avait inspirés pour les âmes d'élite, elle se laissa noblement séduire à l'amour de la virginité : après l'avoir promise par un vœu formel, elle s'attacha aux pratiques de piété qui l'affermissent. Cette vie à part n'empêcha pas que sa beauté remarquable et l'éclat de son rang la firent désirer par de nombreux et riches partis. Ses parents entrèrent dans ces vues, mais Soline résista, et la persévérance de ses refus les irrita jusqu'à la violence et aux mauvais traitements. Cette conduite se prolongea assez pour faire craindre à la jeune chrétienne qu'ayant à lutter toujours pour sa conscience contre des antagonistes qui n'en conservaient pas moins des droits à sa tendresse et à son respect, elle ne succombât peut-être à leurs instances et ne compromît enfin sa fidélité au saint Epoux qu'elle avait choisi. A ce danger elle résolut d'échapper par la fuite, et, se confiant à l'esprit du Dieu qu'elle préférait à tout, elle partit, ignorant encore où elle s'arrêterait. En traversant la Touraine, elle songea à Chartres, où le culte de la Mère de Dieu était déjà célèbre parmi des chrétiens, et où quelques druides convertis, secondés par Priscus, citoyen riche et influent, s'étaient faits les gardiens de la statue si anciennement consacrée à la *Vierge qui devait enfanter*, et qui enfin était devenue la Vierge mère. Ce fut donc vers la cité des *Carnutes* que Soline se dirigea. Dieu permit que ce fût en ce même temps qu'un préfet romain, nommé Quirinus, profitant de la haine qu'il savait à l'empereur Domitien contre les adeptes de la religion nouvelle, anticipait, pour satisfaire ses propres mécontentements, sur la persécution générale qui signala plus tard les dernières années de ce prince. Tout tremblait dans le pays chartrain, et c'était par d'évidents miracles que saint Savinien et saint Potentien venaient d'échapper aux poursuites du tyran. Quirinus ne tarda pas à savoir qu'une étrangère professant la même foi s'en faisait l'apôtre, et engageait les jeunes filles au saint état qu'elle avait embrassé elle-même. Mandée au tribunal de ce juge terrible, Soline y refusa avec courage toute transaction entre sa foi et les séductions des plus magnifiques promesses. Le martyre fut la récompense de son héroïsme. Ensevelie à Chartres par les pieuses mains des fidèles, ses restes y furent vénérés jusqu'à nos jours, autorisant la confiance des populations par d'innombrables grâces obtenues près de son tombeau, où attirèrent toujours les besoins publics et particuliers. L'Église de Poitiers ne resta pas étrangère à ces ferventes démonstrations. Un lieu de prières fut fondée en son honneur aux environs de Melle, probablement au village où elle était née, et où l'on put placer de ses reliques (1) ; un autre s'éleva aussi dans l'Angoumois, non loin de Barbezieux (2). Ces deux monuments, renouvelés au xi° ou xii° siècle, sont fort endommagés, moins par le temps que par les violences de nos guerres locales, et constituent le centre de deux paroisses. La fête de sainte Soline se célèbre à Poitiers le 16 octobre.

C'est à quelques années de là qu'il nous faut fixer l'époque du martyre de saint Simplicien, dont la vie et la mort sont, quant à leurs traits principaux, d'une frappante ressemblance avec ce que nous venons de voir de sainte Soline. Il appartient certainement à la première période du gouvernement romain chez les Pictons, et nous le placerions volontiers sous le règne de Trajan, où il aurait été victime de la troisième per-

---

(1) Melle est aujourd'hui un archiprêtré du département des Deux-Sèvres.

(2) Diocèse d'Angoulême, département de la Charente.

sécution générale commencée sous ce prince, l'an 106. Le système adopté et prescrit alors, de ne pas rechercher les chrétiens, mais de les punir impitoyablement s'ils étaient accusés et convaincus, laissait aux gouverneurs des provinces une latitude qui pouvait s'accommoder aisément au caractère moins cruel de quelques-uns, et l'on pourrait croire que telles furent les dispositions de celui qui administrait alors le Poitou. Il se nommait Justin, appartenait à une famille consulaire, ou avait été consul lui-même, après quoi on l'avait pourvu de ce gouvernement (1). Les chrétiens de Poitiers, tolérés dans leur culte, mais obligés à ne tenir leurs réunions qu'en dehors de la ville, se rassemblaient pour entendre la parole de Dieu, offrir le Saint Sacrifice et chanter les louanges du Christ, au delà du Clain, sur l'emplacement du faubourg actuel de Saint-Cyprien, et peut-être sur le terrain où fut plus tard construite l'abbaye de ce nom. Parmi eux se trouvait souvent Simplicien, fils de Justin, encore jeune, mais qui, depuis plusieurs années, s'était fait instruire, à l'insu de son père, des mystères du christianisme,

(1) Il faut toujours compter sur quelques incertitudes de détail pour des faits dont les témoignages authentiques n'ont pu résister aux épreuves des siècles d'invasions ou de catastrophes locales. Ainsi, nous ne voyons pas le nom de Justin dans la nomenclature des consuls, ce qui est fort regrettable, puisqu'il eût fixé la chronologie inconnue de saint Simplicien. Mais il est vrai que ce nom a pu être altéré avec le temps, ou accompagné, comme il était d'usage chez les Romains, d'un ou plusieurs autres qui auront prévalu dans les fastes consulaires. Il est vrai encore que tous ceux qui étaient désignés consuls ne l'étaient pas toujours pour une année entière, et dès lors ils étaient omis dans les fastes, où leur nom se trouvait naturellement remplacé par celui de leurs collègues qui avaient pris une plus longue part aux affaires.— Enfin il faut remarquer ici que notre saint est indiqué, dans nos vieux documents (V. *Proprium sanctorum Ecclesiæ Pictaviensis*, in-8°, 1682, p. 59), comme étant le fils d'un personnage consulaire, *viro consulari natus*, et que ces personnages ne sortaient de leurs fonctions que pour revêtir la plus haute magistrature de quelque province. Ces traits sont donc ici de ceux qui indiquent encore une sérieuse affinité avec nos vérités obscurcies.

s'y était attaché, et ne craignait pas les conséquences de sa foi. Le père ne pouvait tarder à l'apprendre, et, passant de l'étonnement à la colère, et d'inutiles sollicitations aux excès d'une cruauté impie, il ordonna la mort immédiate du saint jeune homme, plus disposé à mourir qu'à apostasier. Les bourreaux le décapitèrent sur la lisière d'un pré qui bordait la route, près la rive droite du Clain. L'empreinte laissée sur le sol par la tête du martyr fut remarquée par les fidèles, qui y vinrent souvent placer la leur pour y être guéris de douleurs aiguës. Sur le côté opposé, sa mémoire fut consacrée par une église qu'illustra le vocable du saint, et dont une rue et une place portent encore le nom. Elle devint paroissiale à une époque fort ancienne par le fait du Chapitre de la cathédrale, dont le doyen en était collateur. La fête de saint Simplicien s'y faisait le 31 mai jusqu'à la tourmente de 1794, qu'elle fut supprimée avec la plupart des autres paroisses de la ville; et l'église, vendue alors et détruite en grande partie, abrite maintenant une école de petites filles dirigée par les Sœurs de la Sagesse de l'hospice des Incurables.

Les découvertes archéologiques apportent chaque jour à l'histoire un utile secours sans lequel on chercherait en vain à pénétrer ses mystères. Nous devons à une épitaphe déterrée à Poitiers la certitude du rôle qu'y jouait encore le paganisme dans la dernière moitié du IIe siècle. Cette vieille erreur n'y avait rien perdu de ses priviléges et de ses coutumes religieuses, et ses influences avaient peu à peu détruit celle du druidisme, que Rome voulait, selon sa constante habitude, effacer sous le culte de ses propres dieux. Il y avait donc dans la capitale des Pictons un aruspice destiné, comme on le sait, à consulter les entrailles des victimes immolées dans les sacrifices. C'était Sabinus, originaire de Teanum en Campanie, chevalier romain, distingué dans

l'art de découvrir tout ce qu'il voulait à l'inspection des ani-
maux qui lui étaient livrés. Il avait désiré qu'une sépulture
somptueuse lui fût donnée lorsqu'il mourut, à cinquante-
cinq ans. Son fils Sabinianus accomplit ce devoir, et grava
sur la pierre tumulaire un assez bel éloge de son talent,
sans y oublier sa propre tendresse et ses filiales lamenta-
tions. Quelque précieux que soit ce cippe funéraire, puisqu'il
atteste l'existence des superstitions idolâtriques vivant chez
nous, au premier siècle de notre civilisation, parallèlement
aux dogmes du christianisme, on ne pourrait se livrer qu'à
des conjectures assez vagues sur ce personnage lui-même (1).
On peut bien conclure seulement de son existence à Poitiers,
où elle suppose l'exercice vivant et officiel du sacerdoce
païen, que le christianisme ne devait pas s'en trouver mieux,
ayant continuellement en tête un pouvoir souverainement
respecté des peuples, et dont le crédit pouvait suffire à créer
des persécutions locales, comme celles qui valurent le martyre à saint Simplicien, et plus tard à saint Clair.

Ces tyrannies partielles devaient, tôt ou tard, en susciter
de plus énergiques. Aussi, quand les grandes persécutions des
empereurs eurent pris l'essor sanguinaire qui devait donner à l'Église des millions de martyrs, la proscription, étant
devenue générale, s'étendit jusque dans les plus lointaines
contrées de l'empire, et la Gaule eut, de toutes parts, ses
combats religieux à soutenir. Elle éprouva de violentes se-
cousses, et ses diverses Églises, dont l'efflorescence s'était si
merveilleusement développée, se virent plus d'une fois dis-
persées dans leurs pasteurs et leurs brebis. Nous avons vu
comment Néron en 64, Domitien en 93 et Trajan en 106
commencèrent avec plus ou moins d'ardeur cette longue

____

(1) V. un *Mémoire* de Mgr Cousseau sur la découverte de ce monument
épigraphique, parmi ceux des *Antiq. de l'Ouest*, viij, 122.

période d'atrocités, de tortures et de meurtres. Le monde chrétien ne respire un peu et à quelques rares intervalles, sous Adrien et Antonin-Pie, de l'an 109 à 160, que pour retomber, plus éprouvé, sous l'épée de Marc-Aurèle; et après lui, qui, par son édit de l'an 162, ouvre la quatrième persécution, il faudra subir encore, à travers six autres, une suite fatale de 140 ans pour arriver au repos de l'Église: et encore voit-on les Germains, en 259, inonder la Gaule et la dévaster en haine de l'empire. On conçoit que les déchirements réitérés causés aux diocèses par les incessantes alarmes qu'apportaient des édits de proscription et les guerres intérieures, aient jeté le désordre dans leurs archives, bouleversé leurs traditions et réduit à néant tous les écrits où l'histoire eût trouvé ses documents et ses preuves. C'est à ces grandes catastrophes que nous devons attribuer la nuit condensée pour nous autour de ces siècles, dont la gloire n'est égale qu'à leurs malheurs. De telles causes ont tellement effacé les titres ecclésiastiques, qu'à peine pourra-t-on plus tard retenir, pendant une période de cinquante ans, les noms de nos premiers évêques, isolés de la plupart des faits qui signalèrent leur vie. En cela, l'Église de Limoges, qui conserve dans ses archives une exacte et complète série de ses premiers, pasteurs est bien moins heureuse encore, puisqu'à ses noms propres elle n'a pu même ajouter un fait connu, et à peine une date approximative. Nous verrons bientôt, quant à nous-mêmes, pourquoi commença si tard le catalogue de notre épiscopat, qui n'apparaît que vers la fin du IIIe siècle. Les lueurs qui nous sont parvenues dans cet intervalle, toutes faibles et rapides qu'elles soient, n'attireront pas moins notre attention sur quelques points dignes de l'occuper. Quel historien n'est pas obligé de compter avec de pareilles déceptions? Longtemps encore, et souvent au moment où nous chercherons des faits et des preuves, le jour

disparaîtra, et il faudra se souvenir, pour expliquer le mutisme absolu de l'histoire, que d'innombrables trésors de
science et de critique se sont perdus sous les décombres de
nos cités, incendiés avec eux par des barbares de tous les
temps, aux invasions subites et inexorables.

On doit peu s'étonner que cette même pénurie se remarque pour toutes celles des Églises de France dont l'origine
remonte certainement au 1er siècle de l'ère chrétienne. Presque
partout les mêmes infortunes ont amené les mêmes résultats.
Ici, avec cette même certitude d'origine primo-séculaire,
une nomenclature d'évêques remplissant tout l'espace jusqu'à la fin des persécutions, comme à Limoges; là, un vide
absolu, comme à Poitiers, où nos méditations moins vagues
aujourd'hui ne nous fournirent trop longtemps que des conjectures. Ainsi, pour tous les diocèses enfin reconnus de
fondation primitive, et dont on avait cru, jusqu'à présent,
pouvoir rattacher le berceau à la mission romaine du
IIIe siècle, ce long intervalle doit être rempli par une suite
d'évêques malheureusement oubliés, mais dont la chaîne
s'est continuée réellement jusqu'à celui qui passa si longtemps pour le premier. Qui ne voit, en effet, que, puisque le
christianisme était là, plein de vigueur et de séve, il lui
fallait bien un guide et un chef? Cette liste complète, que
telle Église a conservée de ces chefs laborieux et intrépides,
témoigne qu'ailleurs on devrait aussi avoir la sienne, puisque
l'Église y avait les mêmes conditions d'existence; et, quelque
difficile que soit à tenir la route qui s'ouvre alors à travers
les profondeurs de cet inconnu, il faut y ramasser du moins
les épaves du hasard, et se faire de ces rares et précieuses
dépouilles autant de pièces à convictions, utiles à corroborer
notre témoignage au tribunal de l'histoire.

Il y a d'ailleurs ceci à remarquer, que pour le plus grand

nombre de provinces une cause toute semblable nous soustrait aussi les documents historiques de l'administration civile. Devrait-on en conclure que Rome délaissa, deux ou trois siècles durant, sans direction, les gouvernements de la Gaule? Les noms de ses proconsuls presque tous oubliés doivent-ils faire croire à autant d'interrègnes qu'on trouve d'intervalles muets entre eux et ceux dont l'existence, tout aussi inconnue, n'est pas moins supposable? Loin de le penser, nous apporterons, comme déjà, des preuves du contraire en des monuments épigraphiques dont rien n'est capable d'amoindrir l'authenticité.

Un des plus célèbres de ces témoins contemporains est la belle inscription latine gravée sur la tombe d'une dame romaine de cette époque (1) : elle est pleine de précieux ren-

(1) *V.* pl. ii, n° 2. On trouve, dans le premier volume des *Mém. des antiq. de l'Ouest*, une dissertation de feu notre collègue M. de la Lande, qui attribue ce monument au règne de Gallien. Pour nous en tenir là, il nous faut une certaine méfiance de notre jugement personnel, qui, d'après la valeur des termes, croirait non à un *legatus Augusti, lieutenant de l'Empereur*, comme M. de la Lande le traduit, mais au lieutenant d'*Auguste*, comme d'autres le veulent, ce qui distance bien nos deux dates. Nous savons, en effet, que d'autres inscriptions se rencontrent où le mot *Augustus* est pris pour la personne même de l'empereur régnant. Mais, ici, notre sens intime voit une exception à cet usage, qui ne s'établit d'ailleurs que plus tard. Augusto est le nom acclamé par le sénat en faveur d'Octave, qui ne sera plus désigné que de la sorte, et c'est ce qui expliquerait l'absence d'un nom impérial sur le marbre de Varenilla. Nous croyons donc que *legatus Augusti* dit tout, et que, s'il s'est agi d'un autre empereur, on n'en a guère de preuves incontestables. Quant aux caractères mêlés et unis, comme on le voit sur le bloc en question, ils ne sont pas moins du i^{er} siècle et du iie que du iiie; les suivants même ne s'en feront plus faute, surtout dans l'épigraphie, pour laquelle ils furent inventés afin de placer beaucoup de mots dans un espace restreint. On avait employé ces caractères sous les plus beaux temps de la république, et Dreux du Radier (*Biblioth. du Poit.*, i, 71), qui l'avoue, se réfute lui-même quand il conclut pour le règne de *Dioclétien*, d'après un autre savant qu'il ne nomme pas. Nous craignons donc que les raisons apportées par M. de la Lande sur ce point ne se bornent à de pures imaginations, comme celles qui tendent à prouver, simultanément dans le même Mémoire, que le *temple* St-Jean ne fut destiné primitivement qu'à recevoir cette magnifique sépulture. Il faut rendre cette justice

seignements qui confirment cette assertion. On y voit en effet
qu'une jeune femme, étant morte à Poitiers, y fut singulièrement regrettée de tous. C'était Claudia Varenilla, fille du
proconsul Cl. Varenus, peut-être descendant de ce centurion
Varenus qui, dans la guerre contre les Nerviens, deux siècles auparavant, s'était conduit avec une bravoure qui mérita
les éloges de César (1). Il faut que ce magistrat se soit fait
aimer des Poitevins et que ceux-ci se fussent complétement
accommodés à leur vie nouvelle, pour que les administrés
se soient empressés de voter à celle que regrettait Varenus
des funérailles solennelles, une statue qui perpétuât ses
traits et son souvenir, et un emplacement où ce monument
fût érigé. Il y avait donc dès lors chez nos ancêtres une magistrature des plus élevées, un proconsulat. Il y avait plus :
au sein de cette cité qui dispose de ses fonds et de ses
faveurs municipales, un autre dignitaire local apparaît dans
cette épitaphe, et plus remarquable par sa position. C'est
l'époux de la jeune femme, Marcus Censor Pavius, lieute-

à M. de la Lande, qu'il n'était pas le premier à soutenir cette erreur, généralement accréditée avant lui par des antiquaires qui n'y avaient pas regardé
d'assez près. Personne aujourd'hui, après trente ans de réflexion et de
preuves, ne met en doute que le prétendu tombeau n'ait toujours été une
église chrétienne, comme nous le prouverons plus loin. — Malheureusement pour la thèse de Varenilla, le consul désigné resta probablement en
Aquitaine l'année où il eût occupé la chaise curule ; il ne paraît ni dans
les *fastes consulaires* du 1ᵉʳ siècle, ni dans ceux du 111ᵉ. On ne peut donc
recourir à aucune date certaine ; mais j'espère qu'on trouvera concluante
notre version du *legatus Augusti*, que Thibaudeau avait d'ailleurs traduite
comme nous, quelque mauvaise lecture qu'il ait faite du corps de l'inscription (*V.* t. I, p. 7) ; et si nous avons tant insisté sur ce point, c'est qu'en nous
décidant à dater cette inscription si intéressante de la moitié du 111ᵉ siècle,
nous avons fait aux convictions de quelques-uns de nos savants collègues
le sacrifice des nôtres, sans trop désespérer qu'un jour quelque découverte inattendue nous ramène au siècle d'Auguste et fasse du Claudius
Varenus de *Gallien, non plus* un descendant, mais un cousin ou un frère
de celui de César.

(1) *De Bell. Gall.*, lib. v, c. 44. — Mabillon (*Traité de diplom., sub fin.*) croit
que cette jeune femme était peut-être Gauloise de naissance.

nant de l'empereur, propréteur pour toute l'Aquitaine, et consul désigné pour l'année suivante. Celui-ci, sans préjudice peut-être de ce qu'on voyait pratiquer souvent par ces grands personnages qui pressuraient les provinces en les gouvernant, refusa avec une apparence de générosité plus ou moins sincère les dépenses votées, se contenta de l'honneur de les avoir obtenues, et paya de ses deniers le monument dont le marbre épigraphique est un des plus curieux morceaux de notre musée lapidaire. Ajoutons qu'il est aussi un témoignage que, dans la Gaule aquitanique et jusqu'à Poitiers qui en était au nord l'extrême limite, d'habiles graveurs, venus sans doute d'Italie, exerçaient leur talent, ou l'avaient communiqué à des indigènes qui savaient user de leurs leçons.

On voit dans cette simple inscription toute l'histoire administrative de la cité à une époque relativement peu éloignée de sa réduction en province latine. Là tout est romain, tout est élégant, civilisé, savant, politique. Rien qui puisse laisser le moindre doute sur la vie pour ainsi dire autonome d'un municipe qui vote spontanément des dépenses, et avec lequel un puissant magistrat se mesure dans un conflit de délicatesse et de sensibilité. Ce serait tout autre chose quant à la portée religieuse de notre histoire en ce même temps, si nous n'avions que ce qu'on en a su jusqu'ici : on l'a toujours ignorée, parce qu'on l'a trop cherchée en elle-même. Il faut dire maintenant comment s'est fait ce silence, comment s'expliquent les pages blanches de ces annales inutilement regrettées si longtemps.

Saint Martial, après avoir établi son siége à Limoges et fondé un autre foyer du christianisme à Poitiers, n'eut d'abord aucune raison d'instituer en ce dernier lieu un évêché, soit que la chrétienté nouvelle n'y fût pas encore assez

considérable malgré son importance relative, soit qu'il espé-
rât un peu plus tard voir quelque apôtre y venir de Rome,
avec laquelle cependant les communications étaient aussi
rares que difficiles. Le territoire des Lemovices et des Pictons n'en forma donc qu'un seul pour les attributions religieuses, et pendant plus d'un siècle et demi les deux peuples
furent du même diocèse. Cette longue union put bien venir
aussi, comme l'a écrit Belleforest (mieux inspiré en cela qu'il
ne l'est maintes fois), de l'opposition souvent énergique faite
par l'autorité romaine aux rapides progrès du christianisme
chez les Poitevins (1). Cette inimitié dut persuader à saint
Martial de n'y pas précipiter la présence d'un évêque. Il
mourut sans avoir pu réaliser cette partie essentielle de son
plan, et bientôt après, les persécutions étant survenues, ses
successeurs à Limoges durent y renoncer comme lui, et
garder la direction des deux provinces. Ainsi s'explique
nettement comment les diptyques limousins contiennent une
série exacte et continue de neuf prélats sur lesquels, comme
nous l'avons déjà dit, manquent les renseignements de toute
nature, mais dont la succession ne peut être contestée ; c'est
aussi pourquoi, de notre côté, nous n'en trouvons pas un qui
précède notre saint Nectaire, martyrisé en 304. Ainsi les deux
peuples limitrophes, très-distincts par le sol, le caractère et
les habitudes populaires, mais très-unis par la même foi, restent sous la même houlette pastorale, et les évêques d'*Augustoritum* sont les mêmes que ceux de *Limonum*. Ils portent avec

(1) *Cosmographie*, t. ɪ. — Belleforest, selon son habitude d'emprunter,
n'a su que copier cette vieille tradition dans Munster, dont la science, plus
sûre et mieux digérée, est au moins une garantie meilleure que la sienne.
— Robert du Dorat, dont les *Mémoires* sur le Limousin ne manquent pas
d'un crédit mérité, parce qu'il y a renfermé une foule de détails qu'on eût
ignorés sans lui, a exprimé avec la même assurance le même fait qui jusqu'à présent était resté inaperçu (*V.* D. Fonteneau, xxxɪ, 316).

eux, il est vrai, un incontestable caractère d'existence réelle : quand tout ce qui leur touche dans la vie privée ou publique est enseveli dans ce grand naufrage de toutes choses qui attriste le berceau de toutes les nations modernes, leurs noms sont restés pour protester en faveur d'incontestables certitudes historiques. Ce sont, comme partout ailleurs, de ces noms helléniques, latins, gaulois, germaniques, confondus en une même nationalité chrétienne, sans égard, comme l'avait dit saint Paul, au juif, au grec ou au barbare (1). Ce mélange constitue à lui seul un fait incontestable : il constate la véridique simplicité de ces dépositaires inconnus mais fidèles qui, au lieu d'ajouter à ces noms privés du moindre prestige des légendes d'imagination, si souvent prétextées par les rationalistes (2), nous les transmettent sans prétention, aussi pauvres qu'ils les ont reçus, et ne se doutent même pas peut-être que ces noms portent avec eux le cachet d'une origine certaine et l'ac   .rable preuve de la mission universelle de l'Église.

Ces préliminaires établis, nous allons comprendre quelles causes de haute gravité déterminèrent enfin, vers la fin du iiie siècle, la division de ce trop vaste diocèse de Limoges en deux Églises indépendantes l'une de l'autre. Déjà cette délimitation avait été prescrite en beaucoup d'autres lieux, soit par les papes, soit par les conciles. Le pape saint Denys, entre autres, avait renouvelé en 271 un décret antérieur réglant la juridiction des évêques et des curés, et prescrivant à chacun de garder les limites désormais invariables de son diocèse ou de sa paroisse (3).

---

(1) Non enim est distinctio Judæi et Græci... Omnes enim vos unum estis in Christo Jesu (Rom., x, 12 ; — Gal., iii, 28).

(2) C'est toute la critique du xviie siècle. — *V.* l'explication *ingénieuse* que donne Thibaudeau d'après Baillet (*Hist. du Poitou,* 2e éd., i, 19).

(3) *V.* Durand de Maillanes, *Dict. de droit canoniq.,* v° *Provinces ecclésias-*

Nous arrivons donc ainsi vers la fin du IIIe siècle. Il s'en fallait que la Gaule eût conservé la paix religieuse que les empereurs lui avaient laissée au commencement. Le nombre des chrétiens s'était considérablement accru; le triomphe de la foi sur la philosophie païenne, dont les sectes si variées étaient autant d'ennemis pour elle, aussi bien que l'antagonisme intéressé des prêtres idolâtres, avait suscité des haines violentes, et les empereurs, qui trouvaient dans leurs hideuses passions autant de prétextes à combattre une doctrine si gênante, s'étaient presque tous évertués à l'abolir. Les sanglantes contestations des trente tyrans, l'anarchie qui précéda de peu la défaite et la chute de Valérien, n'avaient pas empêché celui-ci d'ordonner une persécution qui fut la huitième, et s'étendit sur toute la surface des Gaules. Comme l'Italie, elles eurent leurs sacrifices sanglants, et le Poitou garde le souvenir d'un martyr qu'il n'a pas cessé d'honorer. C'est saint Clair, qui, originaire de notre pays, et peut-être du Loudunais, y perdit la vie pour Jésus-Christ, sans qu'on sache aucun détail de cette vie édifiante. S'il souffrit par les ordres de Gallien, comme on le dit (1), ce dut être avant 260, car dès que ce prince fut resté seul maître de l'empire par la captivité de son père, il se hâta de faire cesser la persécution qui s'était faite malgré lui. Le culte de saint Clair commença aussitôt après sa mort. Le Loudunais possède une

---

liques. — La Fontenelle, *Recherches sur les peuples qui habitaient le nord de l'ancien Poitou* (p. 14), attribue ce partage au temps où Astidius était évêque de Limoges, ce qui le reporterait vers 470, quand les Wisigoths possédaient l'Aquitaine, et il prétend que ce fut notre saint Victorin qui prit alors le siége de Poitiers. Il y a là un anachronisme évident, ces deux prélats n'ayant vécu qu'à une distance de 130 années l'un de l'autre. — *V.* Nadaud, *Tableau des Évêques de Limoges,* publié par M. l'abbé Arbellot. — La Fontenelle s'était laissé tromper par une distraction que Robert du Dorat a réfutée, aussi bien que Belleforest, cité plus haut.

(1) La Rocheposay, *Notæ ad litan. SS.*

église paroissiale, où sans doute il fut enseveli, ou qu'on enrichit de ses reliques. Il y eut aussi deux chapelles construites à sa mémoire, l'une près le Puy-Notre-Dame, en Anjou, et l'autre dans le voisinage de Vouhé, paroisse du doyenné de Saint-Maixent. Sa fête est indiquée au 28 août dans le martyrologe gallican (1).

Gallien ayant régné de 260 à 268, ce serait pendant cet intervalle qu'il serait venu en Aquitaine, et sans doute aussi à Poitiers, si ce voyage était aussi sûr pour l'histoire que celui de la Gaule; il est certain en effet qu'il vint alors s'opposer aux apparitions des Germains ou des Francs qui envahissaient la Gaule septentrionale. Mais cette particularité même atteste qu'il aura dû se tenir de préférence dans nos hautes provinces. Ce serait donc en vain qu'on lui attribuerait à Poitiers, comme à Bordeaux, la construction des édifices qui y portent son nom, et dont les légendes populaires du temps de Charlemagne avaient gratifié une certaine Galliène, princesse espagnole, qu'il fut aisé plus tard de confondre avec le César. Les nombreuses médailles trouvées dans le sol de Poitiers ne prouvent pas, autant qu'on pourrait le croire, non plus qu'un cippe de marbre où son nom est inscrit, que le prince honora la ville de sa présence. Huit ans de règne ont dû répandre beaucoup et partout les monnaies à son effigie, et l'on sait que les monuments épigraphiques portaient presque toujours le nom de l'empereur régnant, où qu'il fût au moment de leur érection (2).

---

(1) *V.* Châtelain, dans l'*Annuaire de la Société de l'histoire de France*, 1858. — La Rocheposay indique cette fête au 1er janvier, sans en dire la raison. — Bouchet s'est probablement trompé en attribuant la mort de saint Clair à Gallien. — V. Eusèbe, *Hist. eccles.*, lib. VII, c. 13; Fleury, *ad ann.* 259.

(2) Cf. *Mém. des antiq. de l'Ouest*, I, 200, 201; — II, 34; — III, 139, 140, 161; — X, 119, 161, 162, 164, 182; où il résulte de la discussion beaucoup moins de preuves pour le voyage à Poitiers que de probabilités contre.

C'est donc simultanément et à la rigueur des persécutions, et au besoin d'autant plus grand d'exercer une plus active surveillance sur le clergé et les fidèles en des circonstances où l'unité devint plus nécessaire, qu'il faut attribuer la séparation en deux diocèses du territoire qui n'en avait fait qu'un jusqu'alors. C'est vers 290 que les Pictons reçurent leur autonomie religieuse. NECTAIRE ou *Nectarius*, leur premier évêque, apparaît alors, et son nom, parvenu jusqu'à nous sous la forme grecque latinisée, autorise à croire qu'il était originaire d'Orient par lui ou par sa famille. Faut-il ne faire qu'un même personnage de lui et d'un saint VICTORIN qui aurait vécu dans le même temps, et dont le nom semble être une traduction latine de l'appellation grecque donnée à Nectarius? L'affirmative ne nous est pas douteuse sur cette question, controversée jusqu'ici, et qui le sera peut-être encore, mais que nous semblent résoudre certaines particularités d'un grand poids (1). A cette époque de migrations forcées, où

(1) Launoy et Baillet ont appuyé leur négation sur ce point d'une erreur qui reste à prouver quant à la ressemblance imaginaire entre la ville de Pettaw, *Pittabionensis*, et celle de Poitiers, *Pictaviensis*. Il semble que saint Jérôme n'a pu se tromper *si grossièrement que de placer* un évêque, dont il parle sciemment jusqu'à énumérer tous ses avantages, dans un poste si éloigné de celui qui lui convient seul. L'opinion commune des savants s'est toujours montrée favorable à celle que nous soutenons ici, laquelle paraît encore singulièrement fortifiée de la ressemblance étymologique entre Νεκτάριος, divin, immortel, et *Victorinus*, celui qui est vainqueur, qui triomphe. Antoine de Mouchy, plus connu sous le nom de Démocharès, a ainsi concilié ces deux noms dans son TRAITÉ *De sacrificio missæ*, lib. x, c. 12. — Il a été d'accord avec nos chroniqueurs poitevins, qui n'ont jamais fait difficulté de placer Nectaire en tête de nos évêques, sans s'inquiéter trop du Victorin, qui n'était autre que Nectaire même. — La Rocheposay, dans ses *Notes sur les Litanies* du Diocèse, a fait aussi ce double emploi. Il n'est pas vrai, comme Dreux du Radier l'a dit par distraction (*Biblioth. du Poitou*, i, 6), que saint Jérôme ne parle pas de l'évêque de Pettaw dans ce que Besly en a cité (*Evesques de Poictiers*, p. 1). L'un et l'autre disent que Nectaire n'est pas différent de Victorin. Claude Robert, dans son *Gallia christiana*, et les Sainte-Marthe, qui le suivirent, rejetèrent Nectarius sous prétexte qu'on manquait de données sur son épiscopat. Nous en avons maintenant, ne

les évêques étaient les premiers destinés au martyre, et souvent obligés de se soustraire aux recherches des bourreaux, quoi d'étonnant qu'un évêque de Pettaw, en Styrie, chassé de son siége par une de ces persécutions formidables qui épouvantèrent la dernière moitié du III° siècle, se soit réfugié sur des plages lointaines où son zèle pût s'exercer encore à la tête d'une nouvelle Église? Cela expliquerait comment saint Jérôme ne s'était pas trompé en qualifiant Victorin d'évêque de Poitiers, aussi bien que le martyrologe romain, en indiquant sa fête sous ce titre au 2 novembre (1). N'oublions pas non plus que le mot qui fait toute l'équivoque dans saint Jérôme a pu très-bien n'être qu'une erreur de copiste, ce qui anéantit l'objection, comme il est arrivé en beaucoup d'autres cas pendant la longue période littéraire qui a précédé l'imprimerie (2).

En dépit des temps si difficiles qu'il dut traverser, notre saint Nectaire ne mêla pas moins son nom à ceux des écri-

fût-ce que son épitaphe dans un cimetière de Poitiers. Mais, quand des savants comme l'abbé Lebœuf sont d'accord avec tous ceux que l'histoire de notre Poitou a occupés le plus sérieusement, pourquoi continuer une discussion devenue insoutenable?—Remarquons, au reste, que ces confusions de noms propres ont d'autres exemples dont l'histoire ne manque jamais. C'est ainsi que saint Sévérien, évêque de *Gavala* (*Gavalensis*), en Syrie, fut longtemps regardé comme évêque d'Ostende (*Gabalum*, *Gabalensis.* — V. l'*Univers*, 10 octobre 1855, col. 2°), — et Pierre *de Poitiers*, abbé de Cluny, n'a été surnommé ainsi que parce qu'il était de *Pithiviers* (Labb., *Biblioth. Msc. nova*, II, 309). — V. encore Baronius, *Annal. eccles.*, II. 303.

(1) « IV nonas novembris,' natalis sancti Victorini, qui post multa edita scripta (ut sanctus Hyeronimus testatur) in persecutione Diocletiani martyrio coronatus est. » — On ne voit trop non plus comment expliquer cette persistance de quelques auteurs à désigner le premier évêque de Poitiers sous le nom de Victorin, pendant que d'autres en aussi grand nombre l'appellent Nectaire : ce sont bien là des gens qui s'entendent sur une même personne dont les deux noms sont pour eux tout à fait synonymes.

(2) *V.* dans notre *Histoire de l'abbaye de Charroux et de ses reliques*, ch. X, ₰ viij, comment une distraction semblable a pu faire attribuer à ce monastère, entre autres reliques, celle du Saint Prépuce, qu'il n'a jamais eue.

vains qui marchèrent sur les traces de Tertullien, de saint
Justin et de saint Méliton, pour la prédication de la foi et
la réfutation des hérésies. D'après saint Jérôme, il s'appli-
qua, selon la légitime préoccupation de sa charge pastorale,
à développer le sens des Saintes-Écritures au profit de la
morale pratique, et composa des commentaires sur la Ge-
nèse, l'Exode et le Lévitique; il publia aussi des expositions
sur les prophéties d'Isaïe, d'Ézéchiel et d'Habacuc. Le choix
de ces études allait bien aux besoins des chrétiens persécu-
tés, et devait servir de consolation, autant que d'enseignement, à ceux qu'il fallait soutenir à la fois contre l'ignorance
des mystères et la vanité de l'idolâtrie. L'Ecclésiaste lui four-
nit aussi d'utiles développements à la haute philosophie qui
s'y distingue. Le Cantique, l'Apocalypse furent deux champs
divers où les saintes affections du cœur chrétien se fortifient
par les promesses faites aux serviteurs fidèles. Mais de ces
écrits rien ne nous est resté. Au jugement de saint Jérôme, ils
valaient mieux pour le fond que pour le style, l'auteur réflé-
chissant beaucoup mieux qu'il n'écrivait, et ne rendant sa
pensée qu'avec une assez remarquable difficulté. La langue
latine lui était beaucoup moins familière que le grec, ce qui
confirme notre opinion sur son origine orientale, et explique
comment, en donnant la préférence pour ses *Expositions* à
un idiome que son peuple devait mieux comprendre, il a
mieux réussi pour le sens des choses que pour l'expression (1).

Serait-il vrai, comme on voulut le prétendre au concile
tenu à Rome en 495, que les écrits de Victorin sur l'Apoca-

(1) Quod intelligit, eloqui non potest (S. Hieron. *ad Paulinum*). — Licet in
libris suis desit eruditio, non tamen deest eruditionis voluntas (*Ad Magnum,
oratorem*). — Non æque latine ut græce noverat. Unde opera ejus grandia
sensibus, viliora videntur compositione verborum (*Catalog. scriptor. eccles.*,
c. 81).

lypse y eussent paru favoriser les opinions des millénaires (1) ? Ce n'eût pas été autant une hérésie qu'une simple croyance que plusieurs Pères ont rejetée, mais que saint Jérôme n'osa pas condamner, et qui n'avait plus de partisans connus de son temps (2). Ce qu'il y aurait de plus grave, ce serait que le pape Gélase eût regardé ses ouvrages comme lui étant faussement attribués à ce titre, et en eût interdit la lecture (3); mais il ne s'agissait ici que d'une précaution à inspirer aux fidèles, comme à l'égard du *Pasteur* d'Hermas, du *Physiologue* attribué à saint Ambroise, et des écrits de Cassien que plus tard saint Benoît recommandait tant à ses moines. Beaucoup de ces livres, mieux connus depuis, sont rangés parmi les meilleurs de la littérature ecclésiastique, et n'impriment aucune tache à leurs auteurs.

Saint Nectaire ne donna pas seulement des témoignages de sa foi par des enseignements théologiques, il la confirma encore par un glorieux martyre (4), l'un des derniers qui signalèrent la sixième persécution ordonnée en 303 par Dioclétien. C'était l'avant-dernière année du règne de ce tyran, la quatorzième de l'épiscopat de Nectaire, qui, de l'avis unanime des historiens, l'avait commencé en 290. En dépit de la fureur des païens, qui ne fut jamais plus grande que dans ce dernier combat livré au christianisme, les fidèles purent

(1) Nicolas de Sainte-Marthe, qui raconte cela, s'efforce, au milieu de beaucoup de contradictions, de prouver que saint Victorin ne fut jamais évêque de Poitiers. Il avoue cependant que l'auteur de la *Vie de saint Front*, dans Surius, au 25 octobre, fait un seul et même personnage de saint Nectaire et de saint Victorin (V. *Pictaviensis Comitatus Histor. ecclesiast.*, dans D. Fonteneau, xxxv).

(2) *V.* Pluquet, *Dictionn. des hérésies*, ii, 462.

(3) « Opusculo Pictaviensis Victorini apocrypho. » (*Decret.* 1 pars, distinctio xv, mihi col. 60). — On n'en remarquera pas moins que ce Pape ajoute au nom de Victorin l'épithète *Pictaviensis*, et cela moins de deux ans après la mort de l'évêque, qui a donc encore pour lui une autorité de plus.

(4) *Inclito martyrio coronatus*, dit saint Jérôme (*Epist. ad Paulinum*).

garder ses restes et les ensevelir ; sans doute, on n'attendit pas que la paix donnée à l'Église par Constantin permit de lui rendre un hommage public ; mais on se borna à signaler sa sépulture par une simple et modeste inscription, dernièrement retrouvée, et quiconque voulut prier sur son tombeau put le reconnaître à ces quatre mots gravés sur une étroite pierre : HIC REQVIESCIT NECTARIUS ANTISTES (1). Un tel monument vaut toutes les assertions historiques dont les parchemins nous manquent aujourd'hui. Tout fait croire que le saint corps fut déposé, avant la fin du même siècle, dans l'église de Saint-Hilaire, construite en 368. C'est de là que, par suite des invasions normandes, on le transféra au monastère de Long-Rhé, dépendant de la célèbre collégiale (2). Là comme à Poitiers, le saint évêque était honoré le 19 juillet. C'était donc le jour de sa translation et non celui de sa mort qui était du 2 novembre, comme nous l'avons vu. Ces reliques y furent gardées jusqu'aux jours où les calvinistes, portant la désolation dans le saint lieu, les profanèrent et s'emparèrent de la châsse d'argent qui les contenait (3).

Nous avons une autre preuve écrite sur la pierre qu'à cette époque le christianisme était développé dans nos campagnes jusqu'à s'y être construit des églises et des cimetières adjacents. Une inscription, aussi touchante de simplicité chré-

---

(1) Cette pierre fut découverte en 1843, au-dessus de la porte de l'ancienne chapelle de Saint-Barthélemy, près l'église Saint-Hilaire. (*V.* pl. II, n° 3). Sans doute on l'y avait placée, à une date inconnue, dans un but louable de *conservation,* et après avoir été retirée de quelqu'un des cimetières voisins. L'église Saint-Hilaire fut longtemps dans le suburbium de la cité. Là, on pouvait donc déposer des morts, comme nous le verrons du saint Docteur et de sa famille. C'est à quoi il faut attribuer, pendant que la loi romaine fut en vigueur à Poitiers, les nombreux exemples de sépultures faites de ce côté de la cité.

(2) Au diocèse d'Auxerre.

(3) Dreux du-Radier, *Biblioth. littéraire du Poitou,* I, 9.

tienne que concluante sur ce point, existe encore dans l'église paroissiale de Sivaux (1). Æternalis et Servilia étaient-elles deux sœurs, deux martyres, à qui leurs frères souhaitaient par un même tombeau la vie en Dieu que leur avait méritée une mort victorieuse ? Rien de plus croyable, ni qui atteste mieux l'antiquité religieuse de cette bourgade ignorée de tous. Le même cimetière a fourni d'autres épitaphes non moins anciennes, et la Vendée en possédait qu'on attribue avec raison, car elles étaient accompagnées de la palme, à des martyrs du temps de Dioclétien, en observant que deux de ces martyrs inhumés dans le même tombeau avaient pour noms, l'un Verpant, et l'autre Romulus ; qui n'admirerait cette preuve incontestable de fraternité spirituelle entre les Romains et les Gaulois, que la même religion réunissait dans le même héroïsme et pour la même couronne ?

C'est vers ce même temps que durent s'établir, à la faveur de la liberté de l'Église, les divisions territoriales des diocèses, avec les dignités ecclésiastiques qui leur furent préposées. Bourges devint, en qualité de métropole de la première Aquitaine, la ville primatiale de qui Poitiers dépendit, en même temps que les évêchés de Bordeaux, Eause, Narbonne et Toulouse (2). Il fallut donc des archiprêtrés et des doyennés, qui eurent sous leur délégation les paroisses rurales ; et ainsi s'établit l'ordre hiérarchique dont l'Église, avec son esprit d'administration si nette et si solide, a su faire le modèle de tout gouvernement durable et sérieux. C'est aussi l'époque où les chorévêques apparaissent, destinés à seconder l'action des évêques, dont ils avaient le

----

(1) ÆTERNALIS ET SERVILIA VIVATIS IN DEO. — *V.* les *Bulletins des antiquaires de l'Ouest*, — et pl. II, n° 4.

(2) *V.* D. Fonteneau, t. XXXI ; *Hist. du Limousin et de la Marche*, par Robert du Dorat, p. 327 ; et tous les auteurs.

caractère, en gouvernant, sous leur dépendance, certaines parties du territoire plus éloignées, mais avec des pouvoirs restreints qui ne devaient jamais dépasser les intentions de l'évêque diocésain. Nous parlerons de ces titres à mesure que les événements y donneront lieu dans la suite de notre récit.

Nous sommes encore pleins d'incertitudes sur les sept évêques dont les noms nous ont été conservés, outre saint Nectaire et saint Hilaire, ce qui fait un demi-siècle. Presque toute leur chronologie reste indécise ; beaucoup de faits ne s'élucident qu'incomplétement : plus heureux encore sous ce rapport que pour l'histoire civile, qui, pendant ce même intervalle, se tait absolument dans notre contrée. Essayons d'éclaircir ces obscurités.

En 304, saint Libère succéda à saint Victorin sur le siége de Poitiers. Il eut le bonheur d'inaugurer avec ses fonctions pastorales une ère de tranquillité que l'Église n'avait pas encore goûtée, et que l'abdication de Dioclétien, en 305, lui rendit enfin avec la protection de l'Empire. Honoré comme saint, s'il ne dut pas ce titre à la gloire de donner son sang pour la foi, il lui consacra du moins sa vie et se livra aux soins laborieux d'une organisation administrative toute nouvelle. Les paroisses rurales, où les païens étaient encore en fort grand nombre, avaient souffert de grands désastres pendant la dernière persécution, qui, pour n'avoir duré qu'à peine deux ans, n'en avait pas moins, par ses raffinements de cruauté, désolé le clergé, dispersé les pasteurs et décimé les brebis fidèles. Il fallut fermer ces plaies si profondes, ramener l'ordre dans le gouvernement des campagnes et des cités, visiter les unes et les autres, y ranimer la foi et lui ménager de nouvelles conquêtes par la double prédication de la parole et de la charité. C'était assez pour remplir un épiscopat dont nous ne savons pas la durée, mais dont les jours furent assez pleins pour qu'une mort précieuse devant le Seigneur en consacrât la mémoire dans les souvenirs populaires. Tout nous fait croire que la dépouille de Libère fut conservée d'abord près de celle de son prédécesseur, et avec les mêmes honneurs ; qu'elle fut, en même temps que la sienne, transférée dans l'église Saint-Hilaire, et que, l'ayant accompagnée à l'abbaye de Long-Ré, dans une des fréquentes translations des ix⁰ et x⁰ siècles, elle y aura joui du même culte et subi plus tard les mêmes profanations. Ce qui est certain, c'est que les livres liturgiques de cette abbaye mentionnent la présence des deux saints dans l'église abbatiale, et que les litanies qu'on y chantait associaient leurs noms avec la qualité de confesseur au même jour qui les réunissait aussi dans une fête commune célébrée le 19 juillet sous le rit double (1). Une des gloires inconnues de l'épiscopat de saint Libère, et qu'il ignora lui-même, ce fut la naissance de son plus illustre successeur, saint Hilaire, qui dut naître sur son territoire vers le commencement du iv⁰ siècle. Quelque vagues que soient sur ce point les données qui nous restent, nous verrons plus tard que ce calcul n'est pas à rejeter.

Tupianus succède à saint Libère on ne sait quand, ni combien dura son épiscopat. Les diverses mutilations de son nom ne seraient qu'un embarras de plus, s'il ne fallait pas s'en rapporter de préférence à celui qu'autorisent les données locales (2). — Il est suivi de saint Acon, nommé dans nos anciennes litanies, et dont le nom même indique une

---

(1) *V.* Dreux du Radier, *Biblioth. du Poit.*, i, 10 et suiv. -- Il devait ces détails à des notes de l'abbé Lebœuf.

(2) Bouchet, *Annal.*, p. 20, et le *Grand-Gauthier*, Pouillé du diocèse, composé par le B. évêque Gauthier de Bruges, au xiv⁰ siècle.

origine grecque (1). Une chapelle avait ce vocable dans le cimetière de l'église Sainte-Triaise, à Poitiers, et ne permet de douter ni de sa sainteté ni du culte immémorial qui lui fut rendu. Sa fête était marquée au 18 août : nous ne savons pourquoi son culte est tombé en désuétude, quelque authenticité qu'il ait gardée dans ce diocèse, sinon peut-être parce que ses actes avaient été perdus. L'Église de Poitiers, pour ne pas laisser périr sa mémoire, non plus que celle de plusieurs autres de ses saints aussi peu connus, mais toujours chers à ses souvenirs, en fait une commémoraison particulière dans son office du 20 janvier, qui est l'octave de saint Hilaire et la fête de tous ses saints Évêques.

Hilpidianus n'a laissé d'autres traces que son nom.

Après lui, le Siége est occupé par saint Justin, dont un ancien calendrier de la cathédrale marque la fête au 26 août avec celle de saint Gelais (2). C'est encore là un titre certain, outre que nos vieux monuments écrits lui assignent une place antérieure à l'an 320 (3); donc il faut le placer au au IVe siècle, et non au IIIe, comme on l'a fait quelquefois par mégarde, en assignant la même époque à quelques-uns de ceux dont nous venons de parler et qui sont postérieurs au règne de Dioclétien (4). Longtemps nos vieilles prières retentirent de son nom dans les églises de la cité et dans les

(1) Un manuscrit de saint Martin de Tours disait *Algon*. C'est évidemment une faute de copiste, qui aurait fait d'un homme d'*action*, comme doit être un évêque, un homme *ennuyé* ou *endolori*.

(2) Besly, *Evesq.*, p. 3 et 6. — Fauveau, *Calendarium Eccles. Pictav.*

(3) *Breviarium Pictaviense*, 1765, pars hiem. ad 20 januar. — Nous ne devinons pas quelle raison a pu déterminer Dreux du Radier à retrancher saint Justin du catalogue qu'il donne de nos évêques antérieurs à saint Hilaire, quand nos plus anciens calendriers consacrent son nom avec le titre de saint, et que Nicolas de Sainte-Marthe, pourtant si difficile, n'a pas fait difficulté de le mentionner.

(4) *V.* M. de Chergé, *les Vies des saints du Poitou*, I, 24 et 25.

stations de nos processions solennelles. L'histoire doit regretter qu'on ne les entende plus, cette suppression pouvant amener un oubli complet de leur culte dans la dévotion publique, et rayer de la mémoire des hommes les derniers vestiges de ces pieuses vies pleines de leçons dont l'humanité a toujours besoin (1).

Vers 320, saint Justin s'efface, et laisse une place saintement remplie à un BELLATOR dont nous ne savons rien par aucune tradition. Ce nom, traduit peut-être de celui d'*Agon*, déplacé par les manuscrits, ne serait-il pas une allusion des contemporains à une vie de controverse qu'il n'eût pas été impossible de voir commencer alors avec l'arianisme, déjà audacieux et répandu dans nos provinces méridionales? Si rien ne l'affirme, tout pourrait le faire croire ; car si de précieux intervalles de paix avaient séparé les persécutions durant le III° siècle; si l'on avait cru, en dehors des fréquentes attaques portées au christianisme par l'autorité civile, devoir respecter une religion qui avait ouvertement des adeptes jusque dans le palais des empereurs, les hérésies, de leur côté, n'avaient pas moins donné de sollicitude aux évêques, devenus fort nombreux dans la chrétienté , et beaucoup remontèrent fréquemment sur la brèche pour défendre les vérités fondamentales attaquées par Sabellius, Bérylle, Paul de Samosate, non moins dangereux que les polythéistes eux-mêmes. Mais quand ceux-ci furent devenus absurdes aux yeux de tous, et que les chrétiens, libres dans leur enseignement, eurent pu dégager leurs doctrines des fables qu'y avaient ajoutées les préventions calomnieuses

(1) La même observation s'applique à tous les autres saints du Poitou, qui, honorés, dans nos litanies les plus anciennes, parmi les martyrs, les pontifes ou les confesseurs, ne peuvent être des personnages fictifs, et n'ont pas moins de droits à la croyance des historiens qu'à la confiance des peuples.

du paganisme, on eut encore à se retourner contre un ennemi
nouveau, l'arianisme, qui, en faisant une créature de la
personne du Verbe, anéantissait la religion, et devint l'objet
de discussions actives et passionnées. Les donatistes, moins
radicaux, puisqu'ils bornaient leurs prétentions à la supé-
riorité de leur secte et de ses principes sur l'Église universelle, devinrent également à craindre, et durent exciter le
zèle des premiers pasteurs. En même temps, il avait fallu,
au milieu des factions et des guerres qui depuis le commencement du II⁰ siècle avaient ensanglanté l'univers, soutenir
le courage des fidèles, les garder par des paroles et des
écrits contre les erreurs qui dénaturaient leur origine, et qui,
en les détournant de leur fin, n'étaient pas moins opposées
au vrai bonheur de l'homme ici-bas qu'aux mérites qui
devaient assurer sa récompense éternelle. Cet état de choses
amena aussi les réunions fréquentes de Conciles, même
avant l'édit de pacification donné à Milan en 313. Ce fut
autre chose après cette époque, où la liberté avec la protection du prince laissa aux évêques toute possibilité de se
réunir pour élucider et résoudre la grande question soulevée
chaque jour par le dogme et la discipline (1). On voit que
cette vie épiscopale, pour être demeurée dans l'ombre, où
les générations suivantes sont obligées de la chercher, n'en
fut ni moins active ni moins utile, et c'est à ses soins inces-
sants, à cette perpétuité du zèle évangélique et de la surveillance pastorale, que la Gaule dut alors de rester dans la

(1) Il y avait eu à Lyon, un peu après l'année 196, un concile qu'on nomme
des Gaules, parce que les évêques du pays s'y trouvèrent en grand nombre
sous la présidence de saint Irénée, pour s'entendre sur la question de la
Pâque. (*V.* Longueval, *Histoire de l'Église gallicane*, I, 61.) — Outre les conciles proprement dits, on comprend que beaucoup d'assemblées ecclésiastiques se tinrent sans éclat pendant les temps difficiles qui signalèrent le
cours des trois premiers siècles et le commencement du IV⁰.

foi qui devait la faire présider aux destinées du monde.

ALIPHIUS ne se montre pas à nous aussi dépourvu qu'on l'a dit de toutes prétentions à figurer dans l'histoire ; son nom, comme ceux de quelques autres , s'inscrivit toujours au catalogue de nos évêques, et nous verrions dans l'accord unanime de nos chroniques une suffisante raison de croire à son épiscopat (1), s'il n'avait encore d'autres titres à notre attention. De son temps, en effet, nous voyons se manifester à Poitiers un des préliminaires de la vie monastique dont il est bon de signaler ici les premiers vestiges, et la même légende qui nous le persuade, examinée à l'aide d'une critique sérieuse, peut nous donner quelques lueurs historiques sur l'état moral de la cité poitevine au temps de Constantin. Cette tradition attribuerait à la présence de sainte Hélène, mère de ce prince, la première apparition dans cette ville d'une relique de la vraie croix, et d'une église fondée par elle pour honorer cette précieuse relique. Ce serait en revenant de Jérusalem à Rome, en 326, que la grande princesse se serait arrêtée à Poitiers, et qu'y laissant une de ses suivantes malade, celle-ci aurait déposé dans une église de Notre-Dame une petite portion de la vraie croix qu'elle tenait de la générosité de l'impératrice. Cela se passait sous l'épiscopat d'Aliphius, qui ne serait donc mort qu'après le concile de Nicée (2). Par ses soins, un autel ou chapelle

---

(1) Bouchet, Besly ; *Calendrier de la Cathédrale*, par Fauveau.

(2) Ce concile fut rassemblé en 325. — Nous ne parlons pas ici de la fondation du monastère de Luçon, qui serait antérieure même à ce voyage de sainte Hélène dans le Poitou, et dont un certain Lucius, son fils, serait l'auteur. — Nous ne disons rien non plus de Saint-Michel-en-l'Herm, qui aurait été fondé aussi par la pieuse reine dans ce même pèlerinage. Cette fois, nous trouvons Bouchet dépourvu de preuves, car il ne semble pas s'appuyer de données acceptables, rien n'autorisant à regarder comme habitée en ce temps-là une terre couverte de marais et fort peu praticable alors (V. *Annal. d'Aquit.*, 1re part., ch. v). Pourtant Dufour et Baillet sem-

provisoire fut disposé sur le lieu même « où il fit assembler processionnairement les chrétiens, car tous les habitants ne l'estoient pas, mais y avoit des Romains et autres gens infidèles. » L'évêque paraît donc s'être prêté avec une dévotion singulière aux démarches empressées de « la bonne pèlerine » suivante de sainte Hélène. Cette princesse, secondée par sa position à la cour, eut d'autant moins de peine à obtenir du « procureur de l'Empire en Poictou » la construction d'une église et quelques terres pour la doter, que ce gouverneur, « un peu devant, avait eu commandement de l'empereur Constantin qu'il laissât vivre les chrétiens en leur foy et loy, et leur permît d'édifier églises et monastères. » Telle est la légende dite de sainte Loubette, qui aurait été le nom de l'illustre pèlerine, et, à Poitiers, l'origine d'une de ses plus anciennes fondations religieuses. Il est bien entendu que cette institution, si elle fut alors ébauchée, ne ressemble en rien à ce qu'elle devint au x⁰ siècle, lorsqu'elle reçut les développements que nous lui verrons prendre alors sous les auspices d'un de nos comtes de Poitiers.

On voit que l'édit de Milan, donné au commencement de l'an 313, était assez bien suivi en Poitou pour qu'il y maintînt le christianisme à la hauteur d'une institution des mieux favorisées, et que peut-être même, de temps à autre, certains gouverneurs y recevaient de nouvelles injonctions en ce sens, comme celle dont il est parlé en cet endroit. Nous n'avons donc pas cru devoir omettre entièrement le fait de sainte Loubette, qui, dégagé de quelques circonstances dont

blent croire à cette donnée, d'après l'étymologie fort hasardée qui ferait venir Luçon de *luc-on* (marais), ce que nous ne croyons pas beaucoup. Ce qui paraît certain néanmoins, c'est bien qu'on peut reporter le monastère jusqu'au iv⁰ siècle, selon la chronologie de l'*Annuaire historique*, 1838, p. 150.—Nous reviendrons sur ce fait, qu'il fallait mentionner ici comme se rattachant à l'époque dont nous nous occupons.

nous n'avons pas les preuves, s'entoure encore d'une certaine autorité historique qu'il serait imprudent de contester (1). L'histoire va plus loin sur la personne « de ladite pèlerine, » et ce qui lui reste à dire s'entoure toujours de

(1) V. Bouchet., *Annal.*, p. 19. Outre la charmante naïveté du récit légendaire dans cet auteur, on ne peut s'empêcher d'y reconnaître certains traits qui le recommandent au respect d'une critique impartiale. Dégageons le fond des détails apocryphes sur les prétendus *monastères* de Saint-Michel-en-l'Herm et de Saint-Pierre-le-Puellier de Poitiers; oublions un peu le portrait physique de la « bonne servante de saincte Hélène, boiteuse et contrefaicte : » passons sur le prodige du *seu* ou sureau, auquel est suspendue par les anges « la mallette où étaient ses reliques. » Il n'en reste pas moins vrai que le voyage de sainte Hélène à Jérusalem est authentique; qu'en revenant à Rome elle a débarqué sur les côtes de Poitou, sans que nous reconnaissions bien les personnages, fort douteux au point de vue historique, dont l'embarrasse la légende forcément incomplète de ce pèlerinage; qu'au iv° siècle, où se passent ces événements, les *monastères*, s'ils ne sont pas ce qu'ils furent depuis, prennent cependant une forme que saint Benoît ne tardera pas à régulariser; que déjà des vierges consacrées se réunissaient dans les exercices de la vie ascétique, puisqu'en Orient même, sainte Hélène s'était plu à les servir de ses propres mains (Godescard, au 18 août); que Poitiers, qui nous apparaît alors jouissant, par la protection de Constantin, d'une paix religieuse aussi complète que possible, est gouverné par un proconsul dont le caractère est très-conforme aux intentions hautement manifestées de l'empereur régnant; que rien n'est étonnant dans cette dotation de terres mentionnées en faveur de la fondation de sainte Loubette, puisque, depuis longtemps déjà, les églises possédaient des biens territoriaux que l'édit de Milan fit restituer à celles que les païens en avaient privées; et qu'enfin, si le monastère de Saint-Pierre-le-Puellier est d'une date certainement moins ancienne à Poitiers, il y aurait à croire, d'après un récit dont les particularités essentielles n'ont rien de contraire aux notions historiques de ce temps, que, dès le règne de Constantin, une réunion de quelques vierges chrétiennes aurait pu s'y former sous le vocable, déjà si connu, de saint Pierre, et devenir le noyau de l'établissement qui, vers 936, prit le nom de la Trinité, sous les auspices d'Adèle, femme du comte de Poitou Ebles II. Il n'y a pas jusqu'à l'emplacement où la légende pose son église de Saint-Pierre-le-Puellier qui ne se trouve d'accord avec l'enceinte murale de *Limonum* au iv° siècle, laquelle se circonscrivait au sud-ouest par la ligne actuelle que dessinent la rue du Gervis-Vert, le plan de la Celle et tout le groupe d'habitations qui se prolonge par la rue Sainte-Catherine jusqu'au boulevard Saint-Cyprien (V. Dufour, *Ancien Poitou*, p. 237, — et notre *Hist. de l'église de Saint-Paul*, p. 11). En rapprochant de telles notions des dires de nos légendaires, on voit bien qu'à travers des altérations inséparables de leurs vicissitudes littéraires, on ne doit pas tout dédaigner, mais choisir.

nouvelles coïncidences avec les moins contestables données de l'histoire. Il paraît qu'elle vécut longtemps à Poitiers dans les pratiques d'une remarquable sainteté, et quand « elle alla de vie à trépas, fust son corps inhumé au cymetière général de la ville, en une belle sépulture voûtée sous terre, à la manière ancienne : car, en ce temps, et longtemps après, n'y avoit cymetière au dedans des villes ; et depuis, au moyen de grands miracles que Dieu fist au trépas de cette bonne vierge, fut faite une chapelle sur sa sépulture, dont depuis, et longtemps après, on a faict une église parrochiale dédiée au nom de sainct Grégoire (1). » Cette église, située dans le quartier de Saint-Hilaire, de qui elle dépendait, fut remplacée, en 1610, par celle des Capucins, qui a disparu elle-même depuis 1793.

Nous verrons bientôt que l'église bâtie par sainte Loubette ne fut pas la seule due au zèle du saint évêque Aliphius.

Revenons maintenant un peu sur nos pas pour placer à son endroit une famille gallo-romaine qui se montra des plus illustres de cette époque par sa piété chrétienne et par les hautes positions qu'elle occupa dans le monde.

Vers la fin du IIIe siècle, sans que nous en sachions précisément l'année, naquirent à Sillé ou Silly, village du pays

(1) Bouchet, *Annal.*, p. 21. — Rien ne manque ici à l'exactitude des détails, ni la coutume légale de la sépulture hors de la ville, ni la mention intéressante d'un cimetière commun aux chrétiens, à qui Constantin, en effet, avait restitué leurs cimetières avec leurs églises ; ni cette sépulture voûtée, que nous verrons pratiquer par saint Hilaire pour sa femme et sa fille ; ni même la position de ce cimetière, placé, dit Dufour (*Anc. Poitou*, p. 421) *in suburbio Pictavii*, et qui conserva le nom de la sainte longtemps dans nos vieux titres. Et, pour compléter toutes les vraisemblances, observons de plus que l'église Saint-Grégoire avait pour patron le Chapitre de Saint-Pierre-le-Puellier, qui reconnaissait sainte Loubette pour sa fondatrice.

de Loudun, et non loin de cette ville (1), cinq enfants devenus célèbres à des titres divers, et dont la gloire pure a traversé, sans nuages qui l'obscurcissent, les quinze siècles qui nous séparent de leur berceau. De deux de ces frères, Maixent et Maximin, l'un devait être évêque de Poitiers, l'autre était destiné par la Providence au siége de Trèves. Leurs parents étaient de famille patricienne, et leur donnèrent une éducation digne de leur naissance et de leur rang. La piété, qu'ils professaient avec zèle, ne se communiqua point seulement à ces deux frères : Saint Jouin, qui allait fonder bientôt le monastère d'Ansion ; un autre Maximin connu sous le nom de saint Mesme, et qui fut l'ami de saint Martin ; enfin une sœur, Maxima, qui se sanctifia aussi dans la pratique de la virginité chrétienne, sont autant de perles qui brillent dès ce monde à la couronne de tels parents. Au VIIe siècle, nous trouverons encore un de nos évêques, honoré depuis comme saint sous ce même nom, appartenant à la même famille, et dont les restes furent déposés dans l'église du petit monastère de Silly, dont la fondation est attribuée à ses ancêtres. Avant de parler de Maixent et du rang qu'il doit occuper dans nos diptyques diocésains, arrêtons-nous un peu à considérer successi-

(1) Loudun, dont l'existence est constatée dès l'époque dont nous parlons, est nommé dans un diplôme de Charlemagne, donné en 800, *Laudunum castrum*. Il était, dès le IXe siècle, un chef-lieu de viguerie (*Mém. des antiquaires de l'Ouest*, VI, 296, 297 et 300. — Sillè, *Sigilliacum*, élevé depuis longtemps au titre de paroisse, n'était probablement qu'une *villa* appartenant à la famille de nos saints (*V.* Fauveau, *Calendr. Eccles. Pictav.* ad 29 maii, p. 230). Quelques historiens les ont crus nés à Poitiers, d'après les termes *apud Pictavos natus*, appliqués à l'un et à l'autre par d'anciens hagiographes; mais ces mots indiquent autant le Poitou que Poitiers même. Loup de Ferrières, *ap. Surium*, 29 mai) dit : *Urbis Aquitaniæ Pictavorum indigena*, ce qui semblerait plus explicite. Mais les plus récents détails sur la famille des deux prélats ne laissent aucun doute sur Sillé, aujourd'hui connu sous le nom de Mouterre-Silly, parce qu'un petit monastère y fut construit vers ce temps (V. *Mém. des antiq. de l'Ouest*, XIII, 216).

vement ces trois frères, et un peu cette sœur moins connue, dont les souvenirs nous restent si touchants encore d'une si chrétienne émulation.

Maximin, sauvegardé par sa foi et par les exemples des siens contre les dangers du monde, s'adonna à la science et à la piété, qui marchèrent de pair dans son intelligence et dans son cœur. Désireux d'augmenter son savoir par de solides études, il se rendit à Trèves, alors métropole de la première Belgique, capitale des Gaules, où résidait habituellement la cour impériale, et surtout réputée par la célébrité de ses études. Mais le jeune homme ne s'y était pas moins senti attiré par la belle renommée d'Agricius, son troisième évêque, lequel, par la sainteté de sa vie et l'éminence de son talent, lui paraissait un guide sûr et un conseiller capable de le mener au bien. Ces bons sentiments méritaient l'accueil qu'il reçut du serviteur de Dieu. Avec un tel maître, il fit de rapides progrès, si bien que celui-ci ne craignit pas de le faire entrer dans son clergé et de lui donner bientôt après l'onction sacerdotale. Dans cette charge, à laquelle il n'avait pas aspiré, Maximin se montra si dévoué à la sanctification du peuple et si attentif à la sienne propre, qu'Agricius le désigna pour son successeur, et qu'après la mort du saint prélat, arrivée le 13 janvier 332, le clergé et le peuple élurent d'un commun accord celui qu'avait pour ainsi dire consacré d'avance une volonté si auguste. Son épiscopat fut célèbre par les combats livrés à l'arianisme et par l'hospitalité fraternelle qu'il offrit tour à tour à saint Athanase d'Alexandrie et à saint Paul de Constantinople, exilés de leur siége par la tyrannie de Constance, et qui trouvèrent près de leur frère de Trèves un digne asile et de tendres consolations. En 345, après avoir défendu au concile de Milan la vérité orthodoxe et l'autorité du Saint-Siége, il s'entendit avec saint Athanase pour la convocation du concile de Sardique, où il se trouva deux ans après. Là, comme partout, et continuellement, il se montra à la hauteur de ces temps difficiles, et rendit à l'Église universelle d'éminents services par l'énergie de sa résistance et l'inviolable intégrité de sa foi.

Les saints ne restent point étrangers aux vertueuses affections du cœur. Le sentiment de la famille ne s'était donc pas éteint dans celui du laborieux évêque de Trèves, et, après tant de luttes, sa vie fatiguée était déjà vieillie, moins par l'âge que par le travail. Il sentit le besoin de revoir ceux qu'il aimait toujours, revint dans le Poitou, et, en jouissant des légitimes et innocentes joies de sa parenté, il continua d'exercer pour la population du pays le zèle de son esprit apostolique. Mais ce ne fut que pour peu de temps : Dieu, qui hâtait sa récompense, changea pour le bonheur du ciel celui qu'il goûtait au milieu des siens. Il mourut à Silly, le 12 septembre 349. — Sa première sépulture se fit aussitôt dans l'église appartenant au domaine de sa famille, et qui, plus tard, devint le petit moutier qui donna son nom à Mouterre. Mais, l'année suivante, rapporté à Trèves, il fut déposé dans l'église suburbaine de Saint-Jean, qui prit ensuite son vocable, et où Grégoire de Tours, presque son contemporain, rapporte que de nombreuses marques de sa sainteté furent données par des guérisons et d'autres miracles. Le monastère de Saint-Maximin de Trèves devint, au ve siècle, une abbaye de bénédictins, où ses reliques existaient encore en 1789, placées dans la crypte, au-dessous du grand autel de l'église supérieure, à côté de saint Agricius, son prédécesseur, et de saint Nizier, l'un de ses successeurs, mort en 566 (1).

---

(1) *V.* saint Grég. Turon., *Hist. Franc.*, lib. i, c. 35, et lib. viii, c. 12. — *De glor. confess..* c. 93.

Nous ferons bientôt connaissance avec saint Jouin ou Jovinus, puis avec son autre frère, dit encore saint Mesme ou Mesmin, que nous rattacherons à son maître, saint Martin, le grand thaumaturge des Gaules. Quant à sainte Maxima, leur sœur, on ignore absolument toute sa vie. Nous ne pensons pas qu'il faille la confondre avec sainte Mesme, honorée le 7 mai à Dourdan, ni avec une autre dont le diocèse de Beauvais fait la solennité au 20 novembre. Ces deux dernières, vierges martyres, sont probablement antérieures à l'époque de la nôtre, qui n'a que le premier de ces titres, et qui, sans doute, aura vécu, comme ses frères, favorisée par la paix de l'Église, dans les pratiques de la perfection chrétienne et de la charité envers les pauvres.

Nous ne pouvons oublier que le grand évêque donné à Trèves par le Poitou eut pour successeur un autre Poitevin que l'Église n'a pas jugé moins digne des honneurs dus à la sainteté : nous voulons parler de saint Paulin, disciple de son illustre prédécesseur, et que les fidèles de la Gaule-Belgique n'en trouvèrent que plus capable d'un tel fardeau. Il fut, en 353, un des Pères du concile d'Arles, et l'arianisme y trouva en lui un antagoniste aussi éclairé contre l'erreur que courageux contre l'empereur Constance, si ardent à y faire soutenir par les évêques de son parti les doctrines qui, depuis plus de trente ans, désolaient l'Église militante. Contre ce prince aussi, il soutint l'innocence de saint Athanase, et cette noble conduite lui valut le même sort. Divers exils lui furent successivement assignés dans les contrées les plus barbares, sans que sa patience pût être lassée. Ce fut lui qui, dans un des intervalles de ces actives persécutions, trouva le moyen de venir dans son pays natal pour y ménager le retour à Trèves, sur les vives instances de ses diocésains, des reliques de saint Maximin, qu'on gardait toujours à Silly. Ce n'était pas le compte des Poitevins, qui s'y opposèrent énergiquement, ne voulant pas se priver des guérisons miraculeuses devenues fréquentes à son tombeau. C'était surtout à Silly que les oppositions s'exaltaient. Il fallut qu'un orage inattendu, en dispersant les paroissiens, donnât aux assaillants d'autant plus de courage et de force; ils en profitèrent pour enlever le saint corps, et Paulin s'en retourna avec sa précieuse conquête. Cette consolation et l'enthousiasme qui l'accueillit dans sa ville avec le trésor qu'il lui apportait ne firent qu'augmenter les craintes de ses ennemis. De nouvelles instances près de l'empereur obtinrent contre lui un nouvel exil. Cette fois, on l'envoya en Phrygie, pays infesté par les montanistes, et il eut à souffrir beaucoup de leurs méchancetés pendant les cinq années qu'il y fut retenu. Ces tourments mirent fin à sa vie, qui mérita les éloges de saint Hilaire, et finit le 31 août 358. Avec d'admirables exemples de fermeté pastorale, il laissa des ouvrages qui le placent, comme saint Maximin, au rang des plus belles lumières catholiques de son temps (1).

Pendant que ces derniers événements se passaient, un autre saint occupait le siége de Poitiers. C'était ce frère de saint Maximin de Trèves, qu'on nommait Maxentius ou MAIXENT, et qui continuait, au milieu de ses fonctions, devenues laborieuses, les édifiantes traditions de la famille. Il dut succéder à Aliphius vers 346, et ne mourir qu'en 353 (2). Ce furent

---

(1) D. Rivet, *Histoire littéraire de la France*, I, 121.—Haute-Terre, *Gesta regum et ducum Aquitaniæ*, I, 308. — Sulpice-Sév., *Fragmentum sup. B. Hilarium.*

(2) Loup de Ferrières, *ub. sup.*— Besly, *Evesq.*, p. 6. — Ce dernier s'est trompé énormément en plaçant saint Maixent après saint Hilaire, et le confondant avec le saint abbé qui fonda en 459 le monastère de son nom sur la Sèvre-Niortaise. Lebœuf donna lui-même cette fausse indication, suivie par Dreux du Radier avec trop de confiance. Bouchet aussi, en plaçant saint Maixent comme le 5ᵉ successeur de saint Hilaire, à la mort duquel, pré-

sept années de travail, de fatigues et de luttes, où le saint de
Poitiers, comme ceux de Trèves, ne put rester étranger aux
efforts qui maintenaient la foi en tant de cœurs ébranlés
par l'hérésie. Il n'est pas certain qu'il ait pu assister au
concile convoqué à Arles pour l'année même où il passa à
une meilleure vie. Mais la place qu'il obtint dans le calendrier de notre Église dit hautement qu'en ces jours si
difficiles, il se fit pour son troupeau le vaillant champion
de la cause catholique : digne en cela d'ouvrir la voie à ce
grand évêque qui allait triompher de l'arianisme, et dont
les leçons avaient guidé son esprit et son cœur vers la car-
rière de la polémique et de la sainteté.

Un des plus remarquables épisodes du mouvement chrétien dans notre province, au iv⁰ siècle, est le commencement de la vie monastique : elle y jette ses fondements
même avant le monastère de Ligugé, qu'on a signalé
comme le premier établi dans les Gaules, et qu'il ne faut
mentionner cependant qu'après celui que saint Jouin dut
créer antérieurement à l'an 350 (1). Nous avons vu ce saint

tend-il, il n'avait que 12 ou 15 ans, ne voit pas qu'il serait impossible de
concilier ces calculs avec la naissance de saint Maixent, l'aîné de saint
Maximin, que nous savons être né vers le commencement du iv⁰ siècle,
et avec l'espace assez long que devaient occuper, entre saint Hilaire et le
prétendu Maixent, les quatre évêques que nous y verrons. L'erreur de
Bouchet vient de ce qu'il nomme *Pascentius* le prédécesseur de saint
Hilaire, au lieu de dire *Maxentius*, qui, à son compte, est le quinzième
prélat au lieu d'être le neuvième. Il y a eu, quant aux évêques prédéces-
seurs de saint Hilaire, une si grande confusion avant les études nouvelles,
qu'on doit peu s'étonner du désaccord qui se remarque entre les écrivains.
Nous croyons voir une des causes de ces erreurs dans le titre de disciples
de saint Hilaire donné à un certain nombre de personnages remarquables
de son temps. Ce titre a fait croire qu'ils devaient être venus postérieurement à l'épiscopat du grand Docteur, quoique en réalité ce dernier fût déjà
suivi, comme nous le dirons bientôt, par une foule studieuse bien avant
son épiscopat.

(1) Saint Martin ne quitta le service militaire qu'en 356. — Ligugé ne lui
fut donné par saint Hilaire qu'en 360 au plus tôt. (*Mém. des antiq. de l'Ouest*,

naître à Silly, après ses frères saint Maximin et saint Maixent. Les exemples de sa famille tournèrent de bonne heure ses pensées vers le ciel ; le dégoût du monde s'ensuivit, et, jeune encore, il songea à se retirer dans la solitude, pour y vivre à Dieu et à lui-même, comme faisaient encore, dans les déserts de l'Égypte et de la Palestine, les Pacome, les Antoine et les Hilarion. Ayant trouvé, sur les bords de la Dive, assez loin de Loudun pour n'y être pas importuné, un lieu retiré, nommé Ansion, il résolut de s'y cacher pour y embrasser une vie de prière, de travail et de pénitence. Mais il n'y put rester si inconnu que de nombreux disciples ne voulussent bientôt partager le mérite et la paix du pieux solitaire, en prenant de lui ces leçons d'austères et douces vertus. C'est le commencement de tous les monastères, qui virent se grouper ainsi autour d'un maître des admirateurs qui aspiraient à l'imiter. Tels furent aussi les premiers hôtes d'Ansion. A l'exemple des solitaires d'Orient, à qui il fallait un chef qui dirigeât leur conduite particulière et leurs exercices communs, les moines de cette nouvelle solitude donnèrent le titre d'abbé, c'est-à-dire de *Père*, à celui dont la sainteté et la science leur promettait une garantie de leur propre régularité. Il est croyable que Jouin accepta la charge abbatiale sous l'épiscopat de saint Maixent, son frère, et qu'il reçut de lui la houlette pastorale. Cette bénédiction d'un autre saint devint un gage de prospérité pour la famille naissante, et, après la mort du pieux fondateur, la maison reçut le nom de Saint-Jouin-de-Marnes, que lui fit donner la proximité de ce lieu. En attendant, Jouin consacra sa vie à ses frères, au défrichement du sol et à la prédication

VI, 39 et suiv.) Nous nous sommes donc trompé nous-même en répétant avec trop de confiance que cette retraite fut le plus ancien monastère des Gaules. (*V.* nos *Vies des saints de l'Église de Poitiers*, p. 445.)

de l'Évangile. Ami du grand génie qui devait s'appeler saint Hilaire, chrétien avant lui, il eut le bonheur de goûter plus intimement la grâce de cette conversion, de le suivre de loin dans ses combats, de le vénérer comme son évêque. Il le vit mourir, enfin revenu de l'exil glorieux pendant lequel le Poitou catholique avait tant prié pour son triomphe et son retour. Avant de mourir lui-même, après 368, et sans doute déjà septuagénaire, il eut la joie de voir son monastère, solidement établi, s'augmenter sous l'influence des miracles que Dieu accorda à sa sainteté; et nous verrons sortir, en effet, de cette pépinière de saints plusieurs de ces grands hommes dont l'action chrétienne balançait nécessairement, pour une société naissante, les conséquences funestes des invasions des Barbares et des désordres qui en résultaient.

Mais pendant que la paix durait encore partout, et depuis surtout que le fils de sainte Hélène l'avait assurée à l'Église, les progrès des arts et des sciences faisaient de la Gaule une contrée digne de sa métropole romaine. A mesure que celle-ci perdait de ses avantages transportés à Constantinople, le sang de ce corps si puissant et si robuste semblait abandonner le cœur de l'Empire pour en vivifier les extrémités, et la France future profitait bien mieux que toute autre de cet épanchement de vie sociale et de liberté politique. Il y avait longtemps déjà que des esprits d'élite nés dans les Gaules, mais de familles romaines, s'étaient distingués au barreau de Rome, où ils allaient faire valoir la science et le talent acquis à Marseille, à Toulouse et dans les principaux centres que l'intelligence s'était faits parmi nos ancêtres; et Quintilien, mort l'an 88 de Jésus-Christ, faisait déjà l'éloge de l'éloquence gauloise à propos de Julius Florus et des causes célèbres qu'il gagnait à Lyon. C'est dans cette capitale que brillait, par l'éclat et l'aménité de sa vie littéraire, un certain

Geminius qui, devenu l'ami et le correspondant de Pline, mérita, par ce commerce de lettres toutes sérieuses et honnêtes, l'amitié de Trajan et celle de Valérius Paulinus, intendant de Fréjus dans la Gaule narbonnaise, où il était né (1). Depuis ce temps, qui tient aux origines du christianisme, les lettres profanes et les arts se développèrent peu, et, à partir principalement du règne des Antonins, une véritable décadence remplaça l'essor qu'ils avaient gardé depuis Auguste. Il n'en fut pas ainsi de la littérature religieuse. Le besoin de protéger la foi fit naître des apologistes comme saint Méliton, saint Justin le Philosophe, Tertullien et tant d'autres. D'autres évêques, des prêtres, aussi bien que d'autres membres inférieurs du clergé, se firent des coopérateurs par l'enseignement public des lettres sacrées, et tinrent des écoles où leurs disciples se formaient d'abord aux sciences profanes, car on était persuadé que ce genre d'érudition leur prêterait un plus facile accès près des antagonistes entêtés aux erreurs païennes. C'est donc aux professeurs chrétiens que celles-ci durent alors de surnager sur l'océan agité où le monde romain allait se perdre. Ce fut bien mieux encore lorsque Trèves, sous Constantin, fut devenue la capitale de l'empire. Cette haute position y attira à la suite du pouvoir une foule de savants et de poëtes qui contribuèrent à répandre dans toute la Gaule un goût prononcé pour les études solides. L'éloquence chrétienne y gagna surtout, et rien de ce qu'ont écrit les plus fameux orateurs du paganisme ne vaut ce qu'écrivirent alors les auteurs chrétiens, comme saint Rétice d'Autun, saint Maximin et saint Paulin de Trèves, et ce Lactance qui, pour être né en Afrique, n'en illustra pas moins la cité des *Treviri*, où il mérita, par son éloquence philosophique,

---

(1) *V.* L'abbé de Longchamp, *Tableau historique des gens de lettres*, I, *passim.*

par le goût et l'élégance de sa diction, le glorieux surnom
de Cicéron chrétien (1).

L'Aquitaine avait aussi sa gloire littéraire. Saint Jérôme
parle de Nazaire, panégyriste officiel de l'empire, comme
d'un des plus célèbres rhéteurs de son temps, et dont Nîmes et
Bordeaux se sont disputé la naissance (2). Arborius professa
la rhétorique à Toulouse et à Narbonne, et il eut la gloire
d'avoir développé dans notre Bordelais, que vante Ausone,
l'érudition, la vivacité et la grâce qui ne diminuèrent en rien
dans l'un et l'autre les charmes et la sûreté de l'éloquence.
On peut voir, dans les nombreux éloges que ce dernier a faits
des professeurs de Bordeaux, combien illustre était alors dans
l'enseignement public la cité mère de la seconde Aquitaine (3).

Le Poitou ne s'honora pas moins alors du génie de ses
grands hommes. Nous les connaissons en partie par ceux de
nos saints qui, mêlés forcément à la lutte du catholicisme
contre les hérésies, ont laissé des ouvrages trop habituellement ignorés et à peine aperçus dans la collection des écrivains ecclésiastiques du iv siècle. Mais il n'est pas douteux
que ces belles intelligences n'eussent profité à Poitiers même
des cours qui s'y faisaient et qui ne manquaient pas d'audi-
teurs. Gennade (4) nous a conservé le nom d'Héliodore,
prêtre de cette ville, d'origine grecque sans doute, et qui, y
professant l'éloquence et la poésie, fut consulté par saint Hilaire sur certains passages d'Origène. Celui qui devait être
un de nos plus savants évêques n'était pas assez familier avec
la langue du célèbre théologien, et trouva dans Héliodore un

_____

(1) *V.* Lactance, *Instit. divin.*, lib. iii, n° 13. — Tillemont, *Hist. ecclés.*,
t. vi, pages 208 et suiv.

(2) *Script. eccles.*

(3) Ausone, *Commemoratio professorum Burdigalensium*, c. iv, v, x,
xiii, etc.

(4) *De viris illustribus.*

aide éclairé, dont les mêmes goûts firent bientôt son ami fidèle aussi bien que son guide assidu. Saint Jérôme croit devoir leur attribuer en commun quelques-uns des travaux littéraires du grand prélat. Ce qui est certain, c'est qu'il ne faut attribuer qu'au professeur le traité *De l'origine des choses* (1), où il combat par le principe de l'unité de Dieu , auteur de tout bien et jamais d'aucun mal, les opinions des manichéens d'alors, voire et par concomitance celle des panthéistes de notre temps (2). Mais ce qui ne doit pas être moins intéressant à nos yeux, c'est qu'Hilaire lui-même, avant de donner des preuves écrites de cette sublime doctrine qui devait dicter ses livres de controverse, avait eu à lutter publiquement, à titre de professeur, dans l'école où s'exerçaient les docteurs de Poitiers. Il n'était pas rare, dans ces temps où les lettres étaient en aussi grand honneur que la fortune, de voir s'appliquer à cette belle œuvre de l'enseignement les personnages les plus élevés. L'histoire nous en montre alors, soit dans la chaire professorale, soit dans le barreau, exerçant le même talent qui devait briller dans l'immortel Poitevin (3). A en croire notre Bouchet, ce serait là comme l'institution de la première université de Poitiers, c'est-à-dire, comme il a soin de l'expliquer : « non d'université privilégiée des priviléges royaux et apostoliques, mais establissement d'estude et congrégation d'escoliers (4). » Il faudrait en conclure qu'Héliodore n'aurait enseigné qu'après Hilaire, et que peut-être il aurait succédé au saint homme dans ce soin, devenu incompatible avec ceux de son épiscopat. Il résulte aussi de ces documents du vieil annaliste qu'Hilaire, vers l'an 320, aurait

(1) *De naturis rerum exordialium.* Nous ne connaissons que par ce titre cet ouvrage, qui s'est perdu.
(2) *Hist. littér. de la France,* I, 560.
(3) *Ibid.,* passim.
(4) *Annal.,* p. 22.

été puiser aux éccles de Rome et d'Athènes les leçons d'éloquence et de littérature qu'il répandit ensuite dans la capitale du Poitou. C'est chose douteuse s'il se livra à ce professorat avant ou après sa conversion au christianisme; toujours est-il que c'est après son mariage, car, cette union l'ayant fait encore « croître en bien et renommée, de tous pays venoient gens à Poictiers pour ouyr sa sapience (1). »

Mais tout porte à croire que cette tâche laborieuse lui aura paru une œuvre de prosélytisme très-conforme au zèle chrétien recommandé à chacun par le divin Maître en qui seul il avait trouvé « la voie, la vérité et la vie (2). » C'était un moyen actif et fécond de garder contre la grande hérésie de l'époque un auditoire attiré par cette éloquence docte et énergique dont l'activité s'était formée aux plus belles sources de son temps; car il est certain que sa jeunesse, pendant laquelle sa position et ses richesses l'engagèrent peu à briguer les places et les honneurs, se passa en études sérieuses qui protégèrent la gravité de sa conduite et la pureté de ses mœurs. Un esprit comme le sien, quand il est plein des connaissances acquises, sent le besoin de les communiquer à autrui. C'est donc à ce dévoûment des premiers jours de sa vie chrétienne que sont dus, comme leurs plus profonds résultats, tant de disciples devenus célèbres, que nous voyons figurer au rang de nos saints, et qui, plus tard, élevés par lui au sacerdoce, s'ils ne l'étaient déjà, devinrent ses collaborateurs, secondèrent ses sollicitudes pastorales, l'accompagnèrent dans son exil, et continuèrent après lui sa mission évangélique. Entre ces bons ouvriers, on compte les quatre

---

(1) *Ibid.*, p. 23.

(2) Unicuique mandavit de proximo suo (Eccl., xvii, 12). — Diliges proximum tuum tanquam te ipsum (Marc, xii, 31). — Ego sum via, veritas et vita (Joan., xiv, 6).

frères de la famille de Maximin, dont nous avons parlé ; un filleul du saint Docteur qu'il avait nommé de son nom et qui fut honoré du titre de saint, mais que nous ne connaissons pas autrement ; un certain Juventius, qui reçut le même honneur sans qu'on nous ait rien appris de sa vie ; enfin saint Just et saint Lienne, dont l'Église de Poitiers a gardé le culte et le souvenir. Rien donc de plus acceptable, dans la vie du grand homme, sur laquelle nous avons dû anticiper quelque peu, que cette particularité que Bouchet seul nous rapporte (1), mais sur laquelle on aurait pu le suivre plus généralement sans compromettre en rien la vérité historique.

D'autres noms, au reste, nous apparaissent après Hilaire sur les tables scientifiques de notre province. Quoique aucune date précise ne les accompagne, c'est sans doute à la seconde moitié du IVᵉ siècle qu'on vit venir à Poitiers le grammairien Ammonius Anastasius, qui pour s'y établir quittait Bordeaux, où la science était pourtant en grand honneur. Il est vrai que ce bel esprit s'y voyait éclipser par des rivaux plus heureux et qui méritaient mieux de l'être, si nous en croyons les épigrammes d'un poëte ingénieux. Mais le portrait qu'en fait ce poëte n'est qu'une satire, et dispose peu à croire que ledit Ammonius fût, autant qu'il l'assure, ambitieux, médiocre de talent et irascible d'humeur (2). Ce qui est vrai encore, c'est que le pauvre homme végéta sans beaucoup de succès dans sa ville préférée, où sa chaire était peu suivie, et qu'il y mourut très-vieux et sans laisser de regrets, vers la fin de ce siècle ou au commencement de l'autre (3).

Dans le même temps, un certain Rufus s'était ingénié

(1) *Annales*, p. 22.
(2) Ausone, *Professorum*, etc.
(3) Dreux du Radier, *Bibl. littér.*, I, 100 ; — *Hist. littér. de la France*, IVᵉ siècle.
— De Ferrières, *De l'état des lettres dans le Poitou*, p. 2.

d'enseigner au même auditoire qu'Ammonius endormait, la rhétorique qu'il pouvait bien savoir, mais dont il parlait fort mal. A ce majeur inconvénient d'une élocution difficile et embarrassée, il joignait un singulier mélange d'avantages extérieurs et de raideur corporelle qui allait jusqu'à une sorte d'immobilité : on se fait donc une idée assez nette de ce que devait être un pareil maître d'éloquence, en qui la parole n'était pas plus que l'action oratoire. Ausone, qui paraît peu favorable aux professeurs de Poitiers, ne l'épargne pas plus que l'infortuné Ammonius ; de sorte que, si nous n'avions à juger nos hommes que par les portraits d'un tel peintre, on aurait un triste idéal de leur personne et de leur emploi. Mais faisons la part des motifs personnels qui aiguisèrent cette plume railleuse, et n'en concluons pas moins, tout en réservant notre jugement sur ces travailleurs de la pensée, que s'il n'était peut-être pas possible à nos écoles de lutter avantageusement contre celles de cités plus considérables et plus peuplées, elles eurent cependant la gloire impérissable de maîtres illustres, de disciples immortels comme eux, et que, dès l'origine de notre histoire scientifique, elles préludaient noblement par chacun de ces titres à un avenir que le monde savant admire encore aujourd'hui.

Nous arrivons aux confins de cette première période de notre histoire, période au delà de laquelle les chroniques parleront désormais plus haut en présence de faits qui se lient étroitement à la vie générale du monde. Avant de les aborder, il est bon d'étudier quelques points d'intérêt local, dont la connaissance nous donnera une idée plus exacte de Poitiers et de ses environs comme théâtre où vont se passer les événements que nous aurons bientôt à raconter.

L'enceinte murale de Poitiers, pendant nos trois premiers siècles, est difficile à déterminer, les accroissements successifs de ses divers périmètres n'ayant pas de dates reconnaissables, surtout antérieurement à l'établissement des Wisigoths. Néanmoins on peut affirmer qu'au levant la cathédrale, l'un des premiers édifices de quelque valeur qui nous soient connus, dut être posée non loin de la limite urbaine où se trouvait une principale agglomération d'habitants (1). Les remparts, à l'abri desquels elle fut construite, suivaient, au sud et au nord de l'édifice, une ligne assez directe, et s'y maintinrent jusqu'après l'expulsion des barbares, puisque, deux cents ans après la mort de saint Hilaire, une église de Notre-Dame était bâtie par sainte Radégonde dont elle reçut bientôt le vocable, en dehors des murs, comme destinée à une sépulture commune. Ce que nous savons des habitudes alors suivies dans les grandes cités ne laisse aucun doute sur la forme à peu près quadrangulaire qui fut donnée alors au pourtour de la nôtre. Ce carré plus ou moins parfait peut se reconnaître encore à la position de certains monuments qui ne purent s'établir qu'à l'abri de son enceinte murale. Ainsi, en s'éloignant de notre ligne orientale, nous avions au sud l'église Saint-Simplicien, élevée sur un point dominant que défendait cette enceinte assise à l'extrémité inférieure du coteau. En remontant vers le couchant, on trouve le palais déjà habité par les gouverneurs romains, comme l'ont maintes fois prouvé les fouilles de ses substructions gallo-romaines. Les besoins d'un tel local, qui devait être une véritable forteresse, et que sa position culminante rendait très-favorable à une défense, en avaient reculé la muraille et les tours jusque vers la rue des Basses-

____

(1) V. notre *Hist. de la cathédr. de Poit.*, I. p. 7, — et notre *Hist. de l'église de Saint-Paul*, p. 10. — *Bullet. des antiq. de l'Ouest*, x, 146. — Cette position préférée des églises cathédrales à l'extrémité Est des cités antiques est un fait généralement constaté. — V. *Annuaire de l'Institut des provinces*, 1859, p. 202.

Treilles, encore protégée par le versant dont le pied se baignait dans les marais de la Boivre. C'est de là, et à la hauteur de l'ancien hôtel de la Prévôté et de la place du Pilori, où était une porte de ville, que le mur septentrional, gravissant la pente qui inclinait vers la Boivre et redescendant celle qui s'avançait vers le Clain, se reliait non loin du fleuve au rempart qui en séparait l'église Saint-Pierre. Dans ce parcours on rencontrait, outre les églises susdites, celles de Saint-Pélage, sur le terrain occupé depuis par l'abbaye de la Trinité, et de Saint-Germain, qui touchait de près au rempart, du couchant et du nord. Sans préciser qu'aucune de ces deux églises fût déjà établie avant saint Hilaire (1), une autre, celle de Saint-Didier, aurait bien pu y être construite entre son avénement et la mort de ce saint évêque de Langres, martyrisé sous Gallien, en 263. Dans ces temps de foi vive, où la Providence glorifiait ses saints par des miracles qui émouvaient d'autant plus les populations, on n'attendait pas beaucoup pour s'attirer leur protection par un culte empressé qui devenait bientôt populaire, et c'est à cet enthousiasme justifié par tant de prodiges qu'il faut attribuer, dans beaucoup de villes, et dans la nôtre en particulier, la dédicace de temples nouveaux dont nous ne savons plus la date positive, mais qui furent bâtis en l'honneur de ces illustres patrons, aussitôt que leur renommée commença à franchir les limites de leur sépulture. Quelquefois aussi ces constructions se firent à l'occasion de reliques qu'on s'en était procurées : telles seraient à Poitiers Saint-Didier, Saint-Grégoire, Saint-Denis, Saint-Germain et autres, dont nos quartiers portent encore le nom, et dont nous parlerons en leur lieu.

---

(1) Saint Germain, par exemple, n'étant mort qu'en 576, son église n'a dû être bâtie que plus tard.

On sait, du reste, ce qu'étaient alors ces premières églises, restreintes dans leurs dimensions, d'une construction en quelque sorte provisoire, et qui, n'étant pas facilement rebâties quand les chrétiens étaient encore suspects ou maltraités, se multiplièrent cependant, eu égard à la population des croyants qui s'augmentait toujours, durant d'assez nombreux intervalles de tranquillité. C'est tout ce que nous pouvons supposer durant le cours des trois premiers siècles. Mais, quand fut levé enfin sur le monde catholique le soleil de la liberté religieuse, on connaît trop l'esprit de prosélytisme et le zèle de la maison de Dieu, l'un des caractères distinctifs des âmes chrétiennes, pour douter que de nouveaux sanctuaires se soient ouverts à des foules empressées. A Poitiers, où nous avons vu, vers le milieu du règne de Constantin, surgir la petite église de Notre-Dame-l'Ancienne, d'autres ne tardèrent pas à s'élever. Peut-être y vit-on dès lors honorer ce saint Didier, dont nous parlions tout à l'heure, victime en 263 de la cruauté des Allemands, dont le culte se répandit rapidement dans toute la Gaule, et qu'une paroisse de la ville avait de temps immémorial pour patron (1). La proximité de cette église et du palais qu'occupaient déjà, sous la domination romaine, les représentants de l'autorité impériale, peut laisser croire que sa création n'aura pas été étrangère à l'un des gouverneurs chrétiens de la province.

Tout nous persuade, comme nous l'avons dit ailleurs (2), que la cathédrale, dont saint Pierre était le patron, se sera donnée de bonne heure une annexe honorée du nom de saint Paul. Nos découvertes les plus récentes ont fait apparaître

---

(1) *V.* nos *Vies des saints,* p. 139. — Cette paroisse fut abolie en 1792 et l'église vendue et démolie...

(2) *V.* notre *Église Saint-Paul et son histoire,* p. 4.

sur les restes encore existants de cette petite église ruinée,
laquelle s'élevait à quelques pas de son aînée, et dans le pé-
rimètre de son territoire, des assurances irrécusables de con-
temporanéité (1). L'existence de l'une à cette époque reculée
se prouve donc par l'autre, comme nous allons le voir.

Notre-Dame-*l'Ancienne*, qu'on a toujours connue sous
cette épithète différentielle consacrée dans nos plus vieux
auteurs, et dont Bouchet nous a nettement raconté la
fondation, suppose depuis longtemps au moins une autre
église de même vocable dont il fallut la distinguer. C'est
donc après elle que dut se construire celle qu'on a nommée *Notre-Dame-la-Grande*, et, si l'on rapproche de ce point
de chronologie élémentaire la vieille tradition si souvent
ridiculisée qui attribue celle-ci à Constantin, on com-
mencera à entrevoir que le sérieux de l'histoire se trouvait
bien là où l'on ne voulait pas l'admettre (2). On a vu comment le voyage de sainte Hélène en Poitou avait été l'occasion
d'une création religieuse. Quoique son fils ne paraisse pas
avoir jamais fait ce même voyage, sa faveur n'aura pu
manquer à une ville honorée de la protection de sa mère.
Le respect de celle-ci pour les évêques, son zèle à entretenir
le sentiment chrétien et à le développer, rendent plus que

(1) Le mélange de briques et de petit appareil allongé que j'ai signalé
dans l'*Histoire de Saint-Paul de Poit.*, ub. sup).

(2) Le plus ancien titre où il soit parlé de Notre-Dame-la-Grande, au dire
de Dufour (l'*Ancien Poitou*, p. 276), est du 12 juin 924. Mais le silence des
chartes détruites n'est plus une raison pour abandonner toutes conjectures
sur l'origine d'un monument. On arrive à la vérité par les déductions logiques
aussi sûrement quelquefois que par des écrits, dont quelques lecteurs peuvent encore se croire autorisés à contester la véracité originelle. Mais qu'opposer à des preuves matérielles, comme celles que donne aujourd'hui
l'examen scientifique des monuments traités par l'analyse de leurs maté-
riaux ? Les âges de l'histoire monumentale sont assez connus, leurs caractères suffisamment appréciés, pour conclure d'une inspection attentive et
d'une comparaison scrupuleuse à des vérités fort longtemps niées, et qu'il
devient enfin nécessaire d'admettre.

probable celui qui lui aura fait tourner vers Poitiers la bien-
veillance de son fils. Ce qui n'est pas douteux, c'est que la
tradition constante du pays regarda Constantin comme le
fondateur de Notre-Dame-la-Grande ; c'est que la muraille
nord de cette église, dénudée récemment par la destruction
de ses anciens cloîtres, a montré une portion de sa structure
composée de briques romaines mêlées au petit appareil
allongé ; c'est, enfin, que Bouchet qui écrivait, en 1524,
raconte qu'elle fut élevée d'abord en l'honneur de saint
Nicolas par l'évêque Aliphius, peu de temps après la mort
du saint évêque de Myre, ce qui nous donnerait une date
certaine, puisque ce dernier mourut en 342, et Aliphius en
346 au plus tard (1). Le même historien ajoute avec raison
que c'était une ancienne coutume, observée dès les premiers
temps de l'Église, que lorsqu'un martyr « ou confesseur de
grande renommée décédoit, on dédioit quelques églises
après en leur nom, comme on fit de saint Nicolas ; » et, en
effet, c'est là une des causes les plus générales de l'établissement de nos monuments religieux : nous l'avons déjà
remarqué. Comment le vocable du thaumaturge de Myre se

(1) Ici encore plusieurs coïncidences concourent à faire voir la bonne
foi de Bouchet, et que ses sources étaient respectables. On voit d'abord
que rien ne va plus naturellement que la fondation d'une église en l'honneur de l'un par l'autre qui ne meurt que quatre ans plus tard. D'autre
part, Constantin aimait saint Nicolas, qu'il avait connu au concile de Nicée.
D'après le martyrologe romain, ce prince avait été détourné de sanctionner
la condamnation à mort de plusieurs criminels par l'apparition du saint
qui, quoique absent, le menaça de sévérités divines s'il résistait à une
pensée de miséricorde. Le premier empereur chrétien put donc fort bien
se prêter, par des secours pécuniaires et une autorisation spéciale, à cette
manière d'honorer la mémoire de son ami. Quant à ce qu'on a voulu
conclure contre la présence de saint Nicolas à Nicée, de ce que son nom
n'est pas consigné dans les actes latins de cette assemblée, on sait bien que
cette liste est incomplète, et Selden l'a trouvé le trois cent cinquième sur
un catalogue arabe imprimé dans son commentaire sur Eutychius. Tillemont et Baillet ont été réfutés quant à ce même point par le P. Desmolets
(*Mém. de littérat. et d'hist.*, I, 106). Ajoutons que la seule réputation que

sera-t-il changé en celui que nous connaissons encore à notre église paroissiale? Bouchet le dit, mais il ne nous apprend pas à quelle époque. Or, une autre église Saint-Nicolas, bâtie près de l'ancien amphithéâtre, remonte au commencement du xiᵉ siècle, et cette fondation, due à la comtesse de Poitiers, Agnès de Bourgogne, femme de Guillaume V (1), coïncide probablement avec l'époque où Notre-Dame-la-Grande prit le nom de la sainte Vierge, à l'occasion d'un miracle fort touchant que nous rapporterons en son lieu (2).

saint Nicolas s'était faite, pendant sa vie, par ses vertus et ses miracles, aurait suffi pour valoir à ses restes vénérés une dévotion princière. (*V.* Godescard, au 6 décembre.) Enfin on ne perdra pas de vue que cette persistance de Bouchet à citer Aliphius à plusieurs reprises, et à lui attribuer des actes de haute importance, forme plus qu'une présomption en faveur de cet épiscopat nié trop souvent, et à l'égard duquel le plus grand malheur était de manquer de mémoires ou de traditions que Bouchet n'avait pas laissé perdre.—Il est vrai, et nous allons le voir, que le bonhomme fait quelquefois d'étranges concessions, et nous ne prétendons pas le nier; mais, en pareil cas, il s'agit de l'épier, non de le suivre, et de séparer l'or qu'il *nous a conservé du plomb qu'une critique peu exercée n'a pas toujours su en distraire.*

(1) Nous devons prévenir ici, puisque ce nom d'un de nos Comtes vient pour la première fois sous notre plume, que nous compterons les princes de cette famille qui se sont succédé dans le gouvernement du Poitou, non d'après leur double titre de Duc d'Aquitaine et de Comte de Poitiers, ce qui a causé plus d'une erreur dans nos chroniques nationales, mais d'après leur ordre historique et le rang qu'ils prennent sous ce nom, qui leur est commun. Ainsi nous ne distinguerons pas entre Guillaume IIIᵉ, par exemple, comme comte de Poitiers, et Vᵉ comme duc d'Aquitaine. Parfaitement inutile, cette distinction ne peut que jeter encore une dangereuse confusion dans la mémoire et troubler parfois ses souvenirs. Ce Guillaume étant réellement le Vᵉ *du nom,* c'est sous ce chiffre que nous le placerons, simplifiant ainsi à l'avenir toutes les notions de ce genre.

(2) *V.* Bouchet, *Annal.,* p. 23. — Une curieuse méprise fascine en ce lieu la mémoire de cet auteur, ou bien il a confondu l'histoire avec les propos du peuple, dénaturant, sans plus de scrupule que de responsabilité, des faits dont le souvenir est d'autant plus fragile qu'il ne saurait le fixer par le jugement et l'instruction. Bouchet écrit donc « qu'il estoit permis par l'empereur Constantin aux chrétiens d'édifier églises où ils voudroient, pourveuque son image fust eslevée, et pourtraicte hors d'icelles. » Il y a d'abord dans cette étrange assertion, admise sans façon par Thibaudeau (i, 113), un trait qui ne peut convenir à ce prince. Celui-ci, effectivement, et en dépit de ses conseillers qui y voulaient sa propre image, avait fait placer à Rome sur la façade de

Quant à sa fondation, au moins comme Chapitre, on ne peut l'attribuer qu'au Chapitre de la cathédrale, comme nous

son palais impérial un tableau du Christ terrassant l'ange rebelle et le foulant sous ses pieds.— Mais qui n'y aperçoit évidemment cette donnée, popularisée jusqu'à nous et patronisée par un certain nombre d'archéologues, sur la présence de Constantin à cheval dans le tympan de beaucoup d'églises des xi⁰ et xii⁰ siècles? Ainsi a-t-on abusé, par une explication hasardée, de quelques vagues souvenirs dans lesquels sont venus se confondre là reconnaissance des générations et les plus simples notions d'iconographie. Il est bien clair que la statue équestre de Constantin, qui n'était sans doute qu'un bas-relief, n'a jamais été à la façade de Notre-Dame, pas plus que le cavalier symbolique dont nous avons fait l'histoire ailleurs (V. *Bulletin monumental*, tome xx); car cette façade a toujours été percée de la fenêtre centrale qu'on y voit encore. C'est donc sur un des flancs de l'église qu'il fallait la chercher, et l'inscription qu'on y lit encore, un peu détériorée, maintient seule cette tradition qu'un abbé de Notre-Dame avait voulu conserver à la postérité; elle garde ainsi, par le remplacement de la statue, que détruisirent en 1562 les huguenots, le souvenir du fondateur et la piété reconnaissante de Guy, chevalier, qui, sous le titre d'abbé, était alors à la tête du Chapitre.

Quam Constantini pietas erexerat olim,	340 (1)
Ast hostis rabies straverat effigiem,	1562
Restituit, veteres cupiens imitarier usus,	
Vidus eques, templi cœnobiarcha pius.	1592

L'écusson de l'abbé accompagnait ce quatrain, qui ne laisse aucun doute sur le cas qu'on faisait encore, à la fin du xvi⁰ siècle, de ce que Bouchet croyait à son premier quart (*V.* Thibaudeau, *loc. cit.* — Dufour, *Anc. Poitou*, p. 378). — Ce qui n'est pas moins intéressant, c'est la réunion des trois dates signalant les trois époques d'érection, de destruction et de restauration de la statue. Celle-ci fut enlevée, non en 1793, mais en 1808, et nous ignorons ce qu'elle est devenue. — On a fait observer, comme pouvant infirmer la chronique de 340, que la façade de Notre-Dame-la-Grande ne contient que des sujets analogues à la sainte Vierge, et non à saint Nicolas. Mais personne n'attribue cette façade à un autre siècle que le xii⁰, et tout ce qui est antérieur à la reconstruction du xi⁰ n'est en rien contradictoire à ce qui se passa postérieurement. Nous n'admettrons pas non plus qu'à aucune époque le clergé d'une église ait pu abandonner tout ce qui se rattachait à son patron primitif, pour entrer dans des usages fondés sur une raison nouvelle évidemment erronée et que rien ne pourrait autoriser. Le Chapitre de Notre-Dame n'aurait donc pas pu adopter au xi⁰ siècle pour patron un saint dont on lui eût parlé pour la première fois, et c'est avec fondement qu'il a continué jusqu'ici de faire chaque année, au 6 décembre, la fête du saint évêque de Myre, comme celle de son patron primitif (V. *Mém. des Antiq. de l'Ouest*, vi, 132).

(1) Cette date était erronée, Constantin étant mort en 337 ; mais une telle erreur n'est ici d'aucune importance.

le verrons plus tard, et comme le prouvaient encore à une
époque assez récente les cérémonies de l'intronisation de nos
évêques, auxquelles la célèbre collégiale avait une si grande
part (1).

En fait de monuments d'un autre genre, la cité n'était pas
moins favorisée de toutes les preuves qui peuvent nous
parler encore de sa grandeur. Ses voies, dont deux des plus
belles, celles de Poitiers à Tours et à Saintes, étaient dues à
Antonin-Pie (138-161), amenaient la vie dans son sein par
le commerce, les marches militaires et le facile abord des
étrangers, lui procurant maintes fois de lucratives affluences,
quand la foule patricienne ou celle des campagnes venait
jouir des spectacles du cirque, de ces arènes qui avaient plus
de 20,000 places avec des proportions plus vastes que celles
des plus considérables de l'Italie (2). A ce magnifique monument, qui donnait l'idée d'une population considérable, se
reliaient des accessoires indispensables, trois aqueducs
venant des campagnes voisines, et que la position culminante du quartier auquel on les destinait avait forcé d'aller
ouvrir jusqu'à dix-huit ou vingt milles de Poitiers, et d'appuyer, chemin faisant, sur des arceaux encore fort remarquables par leurs ruines curieuses. Il est vrai que toutes ces
eaux n'étaient pas exclusivement réservées à l'amphithéâtre,
où il paraît certain qu'il n'y eut jamais de naumachies pos-
sibles. Les hauts quartiers de la cité y trouvaient une res-
source pour une consommation qui leur était encore assez
parcimonieuse, et aujourd'hui, tels que sont restés leurs
canaux ensevelis dans presque tout ce parcours, il serait

(1) *V.* notre *Hist. de la cathédrale de Poitiers,* II, 67 et suiv. — Dufour, *Anc.
Poit.*, p. 381.
(2) L'arène seule à Poitiers avait 261 pieds de long sur 210 de large. Celle
de Pompéi n'en avait que 189 sur 100 (V. *Mém. des antiquaires de l'Ouest,* VI,
127 et suiv.).

facile, au jugement des écrivains les plus compétents, à qui nous avons emprunté beaucoup de ces détails, d'utiliser de tels conduits, de leur faire apporter à la ville moderne des eaux meilleures et plus abondantes que celles qu'on lui a données, et de laisser encore sur leurs abords à l'agriculture et aux habitations privées des trésors d'industrie et de fécondité.

Limonum devait cette belle dotation au règne pacifique d'Adrien, qui occupa le trône impérial de l'an 117 à l'an 138, ou à son successeur Antonin, qui mourut en 161. Leur activité est connue sur notre sol par les grands travaux qui s'y exécutèrent de leur temps, et beaucoup de colonnes milliaires rattachent leur nom, comme ceux de Commode, de Marc-Aurèle et d'Alexandre-Sévère, à la confection de nos grandes voies et à des édifices publics.

Le long de ces voies s'élevaient, sous l'empire des idées païennes, des monuments funéraires, cippes, colonnes, blocs de marbre et de pierre, ornés d'inscriptions et de bas-reliefs où figuraient soit l'image du défunt, soit celles de leurs dieux protecteurs, ou l'*ascia* et d'autres outils, ou enfin des symboles mythologiques. On reconnaît les iie, iiie et ive siècles à ces fragments plus ou moins entiers, parvenus jusqu'à nous à travers tant d'années d'indifférence ou d'oubli. Mais, à partir de cette dernière époque, lorsque le paganisme proscrit n'est plus que toléré dans ceux qui n'embrassent pas encore la religion victorieuse, ces signes des croyances erronées disparaissent; ils passent bientôt à l'état de ruines et d'objets de mépris : on en fait des auges, des bornes pour les propriétés rurales ; on y creuse des sépulcres chrétiens, et ceux-ci, toujours assujettis, et pour longtemps encore, aux lois romaines, garnissent le sous-sol des cimetières, où les chrétiens, avec des épitaphes plus simples et une iconographie plus modeste, parlent de leurs espérances et de leur repos éternel à ceux qui visiteront leurs dépouilles. De grands centres de sépultures s'établissent à l'ombre de la croix, en certaines localités, sous le vocable plus ordinaire du Chef des apôtres, « à qui ont été données les clefs du ciel. » Ce patronage, qui excite en lui-même une plus grande confiance et qui, multipliant les morts dans une même nécropole, y attire des prières plus ferventes et plus nombreuses, s'affirme par une église ou chapelle placée sous l'invocation de saint Pierre : ainsi Saint-Pierre-des-Églises près Chauvigny, Saint-Pierre-des-Corps dans le suburbium de Tours, et tant d'autres. Cette dévotion ne doit pas être cependant regardée comme l'unique raison de ces agglomérations funèbres. Outre que la rareté des églises, bâties sur un territoire encore peu habité, établissait entre elles de grandes distances, et qu'un prêtre ne pouvait pas être toujours attaché à chacune d'elles; quelques autres, comme celle de Cenon entre Châtelleraud et le Vieux-Poitiers (laquelle paraît avoir toujours été sous le vocable de saint Martin, et par conséquent d'une création plus récente), avaient aussi leur cimetière commun à d'autres paroisses : c'est qu'on en avait fait des églises mères, sorte de chefs-lieux de canton d'où les paroisses inférieures relevèrent, jusqu'au moment où la population chrétienne s'augmenta de façon à nécessiter pour chacune d'elles une autonomie qui leur donna des droits égaux en tout ce qui se rattachait à l'exercice du culte et à l'administration des sacrements (1).

Nous avons parlé de Chauvigny : ce nom, celui de Lussac, auxquels tant d'autres pourraient s'ajouter, représentent, dans leur origine, les souvenirs de ces *villas* si célèbres dont les Gallo-Romains avaient fait des maisons de campagne, où le

____

(1) V. *Bulletin monumental*, VIII, 184 ;—IX, 540.

luxe de la richesse, le bon goût, et même une certaine poésie, savaient prodiguer les recherches d'une vie qui s'y abritait contre les préoccupations ou les ennuis des grandes cités. Presque toutes, ou, après elles, les bourgs et les villages qui les ont remplacées, conservent, sous leur nom actuel, leur étymologie empreinte de la langue des vainqueurs et de celle des vaincus. Calvinus, Lucius sont évidemment des noms romains auxquels s'est annexée une terminaison gauloise (1), pour désigner l'*habitation*, la *villa* de deux personnes connues sous ce double nom. On a des souvenirs précieux de ces habitations champêtres dans les écrits d'Ausone, qui en possédait plusieurs jusque dans la Saintonge et sur les confins du Poitou. Ce poëte nous apprend quels plaisirs y procuraient à nos ancêtres du IVe siècle la beauté des sites qui nous charment après eux, la chasse dans les vastes forêts qui ont disparu, la pêche dans les cours d'eau, où se prenaient les poissons les plus délicats, et les bains, aussi purs que salubres, dans ces balnéaires dont la brique et le marbre nous révèlent tous les jours l'ingénieuse structure et la somptueuse commodité. Vilnon, Croutelle et mille autres localités plus ou moins obscures ou inconnues de nos jours (2), ont joui de ces priviléges, et découvert aux recherches de l'antiquaire des preuves qu'elles avaient participé aux délicatesses de cette nouvelle civilisation qui transformait la

---

(1) *Ach*, qui se prononçait dur en gaulois, était la terminaison donnée par cette langue : *Calvini villa*, s'est traduit par *Calviniac*, à quoi l'on a donné la désinence latine en *um* ; puis. à partir des bords de la Vienne, et dans la portion plus septentrionale de la France, on a traduit par Chauvigny ou Chauvigné, ce dont on eût fait Chauvignac dans le Midi. Lussac, qui eût pu être Luché ou Luchec (de *Lucius*), est la désinence préférée en Limousin, dont cette localité est très-voisine.—Lusignan, qui fut aussi *Lesignam, Lésignan*, vient certainement d'un *Lucinius*, et fut appelé *Liciniacum castrum* —Pouthumé est *Posthumus*; Froutenay, *Frontiniacus*, etc.

(2) V. *Mém. des antiq. de l'Ouest*, XXI, 80 ;—*Bulletins*, III, 433 et 50.

Gaule, et ne pouvait trouver indifférents les Gaulois appelés à ces séduisantes jouissances.

Mais à côté de ces belles superfluités de la vie tranquille s'élevaient aussi, revêtus de leurs formes plus positives et plus austères, d'autres lieux destinés aux administrations ou à la défense du pays. Nous avons parlé du palais de Poitiers, qui, après avoir abrité la puissance proconsulaire, est devenu successivement la résidence féodale de nos Comtes, puis du présidial avec sa prison, et où siégent encore les tribunaux de tous degrés. En fait de constructions militaires qu'on peut faire remonter jusqu'à la période qui nous occupe, le castrum de Chauvigny était des plus remarquables par sa position. Une telle forteresse, qui joua son rôle historique jusqu'à l'expulsion des Anglais, ne dut pas être moins utile aux lieutenants de César ; ses fouilles, ses murs même, dans la belle portion qui a résisté aux délabrements qui présagent enfin sa destruction infaillible, en disent plus que toutes les conjectures sur sa valeur gallo-romaine et l'importance de tout son passé. D'autres castrums, comme ceux de Lusignan et de Loudun, étaient également des postes militaires élevés pour la défense de leur territoire, et qui, multipliés à l'infini sur plusieurs lignes, en assuraient la possession aux conquérants, qui durent ainsi, dès le commencement, s'y fortifier pour tenir en échec les oppositions très-supposables qu'ils ne manqueraient pas d'avoir à réprimer.

Quant à nos villes proprement dites, ce que nous nommons ainsi ne date pas, en général, de si loin. Après s'être grandies sous l'influence des seigneurs, dont elles furent d'abord les demeures féodales, elles devinrent, pour la plupart, des vicomtés relevant à foi et hommage des Comtes de Poitou, et ne se mêlent guère à notre histoire qu'après l'envahissement de l'empire romain par les barbares de la Germanie. Les points principaux où la population chrétienne s'augmenta plus rapidement acquirent en peu de temps une réelle importance. Après avoir été de simples mansions, ils devinrent des centres importants d'affaires ecclésiastiques. Melle, Ardin, Briou, Rom furent depuis des archiprêtrés, et conservèrent fort longtemps ce titre, que Melle n'a pas perdu. Chaque fois que nous rencontrerons sur notre voie ces intéressants souvenirs, nous ne manquerons pas de nous y arrêter, d'en signaler le côté historique et les rapports qu'il doit avoir avec notre sujet. Il en sera de même des églises, des paroisses et des autres créations religieuses, civiles ou monumentales, dont l'apparition viendra, à toutes les époques, augmenter les richesses morales de notre pays.

Nous venons de parcourir une période de fondation. Nos Origines, débarrassées de leurs voiles, ne se dérobent plus à nos regards. Nous savons maintenant d'où nous venons, et nous suivrons plus sûrement désormais la route qui va s'ouvrir plus large et plus facile devant nous.

FIN.

Poitiers.—Imp. de A. DUPRÉ, rue de la Mairie, 10.

www.ingramcontent.com/pod-product-compliance
Lightning Source LLC
Chambersburg PA
CBHW071318030726
47594CB00002B/463